Schneller Sprachen lernen

Der Universalschlüssel zu fast allen Fremdsprachen

Jens Seiler, Sandra La Cognata

So nutzen Sie dieses Buch

Die folgenden Elemente erleichtern Ihnen die Orientierung im Buch:

Beispiele und Übungen

Die Beispiele illustrieren und verdeutlichen die Textinhalte, die Übungen helfen Ihnen, das Gelesene umzusetzen.

Definitionen

Hier werden Begriffe kurz und prägnant erläutert.

Die Merkkästen enthalten verblüffende Tatsachen, Empfehlungen und hilfreiche Tipps.

Auf den Punkt gebracht

Hier werden die wesentlichen Aussagen noch einmal zusammengefasst.

Inhalt

Vorwort

Die Schulzeit liegt einige Zeit hinter Ihnen – und damit auch Ihre letzte Fremdsprachenstunde. Nach einigen Jahren Studium und/oder Ausbildung stehen Sie nun im Berufsleben, haben sich womöglich in Ihrem Job hochgearbeitet. Bis zu einem gewissen Grad gelang dies ohne Probleme mit den einmal erworbenen Fremdsprachenkenntnissen.

Dank fortschreitender Globalisierung zählt das Beherrschen einer oder mehrerer Fremdsprachen inzwischen zu den Grundqualifikationen auf dem Arbeitsmarkt. Vielleicht müssen ja auch Sie nun eine weitere Sprache lernen, weil Sie auf eine Beförderung hoffen, sich bewerben wollen oder gar in nächster Zeit ins Ausland versetzt werden sollen.

Vielleicht gehören Sie aber auch zu den Menschen, die sich in ihrer Urlaubszeit einfach gerne die weite Welt ansehen und dabei mit den Einheimischen kommunizieren wollen.

Welche Gründe auch immer Sie bewegen – mit diesem Buch geben wir Ihnen einen Schlüssel in die Hand, mit dem Sie schnell und effektiv eine Vielzahl von Sprachen lernen können. Und das, ohne Vokabeln und Grammatik zu pauken.

Unsere Methode ist praxiserprobt: Wir selbst haben damit gleich mehrere Sprachen gelernt. Unsere Seminarteilnehmer führten im Urlaub Small Talk ohne Stottern, eigneten sich fremdsprachiges Fachvokabular für ihren Beruf an oder erlernten eine Fremdsprache, weil ihnen gerade danach war. Eines aber hatten alle gemeinsam: Erfolg – und Spaß.

Wir hoffen, dass es Ihnen genauso geht.

Jens Seiler und Sandra La Cognata

Die Ausgangssituation

Wie kann es sein, dass wir bis zu 13 Jahre lang Englischunterricht haben und die Weltsprache immer noch nicht fließend beherrschen? Wieso kann jedes kleine Kind innerhalb von wenigen Jahren seine Muttersprache erlernen, während viele Schüler mit all ihrem theoretischen Wissen, wie man lernt, scheitern? Mal ganz abgesehen von den Erwachsenen, die gegenüber Kindern einen immensen Wissensvorsprung haben – einen Vorsprung, den sie auch zum Lernen von Neuem, zum Beispiel einer weiteren Sprache, einsetzen sollten, es aber oftmals nicht können.

Die Antwort ist einfach: Es liegt bestimmt nicht daran, dass all unsere Schüler kein Sprachtalent hätten. Vielmehr liegt es daran, wie bei uns Fremdsprachen vermittelt werden. Es ist erschreckend, wie wenig Bedeutung in Schulen dem Erlernen von Fremdsprachen zugemessen wird. Das zeigt allein schon die nicht nachvollziehbare Tatsache, dass insbesondere in Europa die meisten Sprachlehrer an Schulen keine Muttersprachler sind. So kam es bei uns, wie es kommen musste: Einer von uns spricht Englisch mit badischem, der andere mit hessischem Akzent.

Gerade in einem zusammenwachsenden Europa gehören Fremdsprachen neben den technischen Qualifikationen zu den wichtigsten Schlüsselqualifikationen überhaupt. Laut dem Deutschen Institut für Wirtschaftsforschung (DIW) beschränkt sich die Fremdsprachennutzung „heute nicht mehr allein auf Führungskräfte, Ingenieure und Wissenschaftler, sondern wird auch von kaufmännischen Fachkräften erwartet".

Jeder Fünfte muss im Beruf eine Fremdsprache, zumeist Englisch, beherrschen. Eine zweite Fremdsprache wird immer öfter als Voraussetzung oder zumindest wünschenswert betrachtet. Angesichts der wachsenden Märkte in Osteuropa und Asien gewinnen auch Sprachen wie Russisch, Polnisch oder Chinesisch zunehmend an Bedeutung. In bestimmten Jobs können diese Sprachkenntnisse den Ausschlag bei der Einstellung geben und die Karrieremöglichkeiten innerhalb eines Unternehmens deutlich verbessern. Interkulturelles Wissen ist in der Wirtschaft längst nicht mehr nur ein Wettbewerbsvorteil, sondern entwickelt sich zu einer sozialen Notwendigkeit.

Für die meisten Arbeitnehmer heißt das, ihre in der Schule erlernte Fremdsprache aufzufrischen, zu erweitern oder gar eine weitere Sprache dazuzulernen.

Je nach zeitlichen und finanziellen Möglichkeiten gibt es verschiedene Varianten des Sprachenlernens:

- Konventionelle Lernmethoden
- Sprachkurse im Ausland
- Unterricht bei einem Privatlehrer
- Sprachschulen
- Volkshochschulkurse
- Multimediale Sprachlernsoftware
- Fernschulen

Der Möglichkeiten gibt es viele, aber: Woher die Zeit nehmen – heutzutage? Und so zahlreich wie die Möglichkeiten sind denn auch die Ausreden: Feste Unterrichtszeiten, ein hohes Pensum an Grammatikregeln, eine Vielzahl an Vokabeln, die bis zur nächsten Unterrichtseinheit gelernt werden müssen, sowie der Arbeitsrhythmus, der nicht dem eigenen entspricht, sind die meistgenannten Argumente, sich weiterhin auf Dolmetscher, Übersetzungsprogramme und dergleichen zu verlassen.

Das Projekt „Schnell Sprachen lernen"

Wir Autoren reflektierten unsere eigene Sprachausbildung, hinterfragten das Vermitteln von Fremdsprachen im Ausland, besuchten verschiedene Sprachschulen, testeten Lernsoftwares und behielten dabei stets das Hauptkriterium „Zeitaufwand" im Auge.

Aus dem Ergebnis dieser Recherchen heraus entwickelten wir ein System, in dem eine Fremdsprache effizient und vor allem in kürzester Zeit erlernt werden kann.

> Ein großer Vorteil dieses Systems ist, dass es für eine Vielzahl von Sprachen anwendbar ist. **!**

Beim Erwerb des Führerscheins lernen wir das Autofahren. Das Fahrzeugmodell, in das wir uns nach der bestandenen Prüfung setzen, spielt keine Rolle. Genau so funktioniert auch die Methode des Projekts „Schnell Sprachen lernen": Sie gilt nicht nur für eine, sondern für viele Sprachen.

Die Theorie stand. Wir unterzogen uns einem Selbsttest.

Selbsttest

Genau drei Wochen nach Entwicklung des Systems waren unsere Flitterwochen auf Kuba geplant. Beide sprachen wir kein Wort Spanisch. Unser Ziel war es, in Kuba ohne Gestotter durch den Alltag zu kommen.

Es gelang.

Mehr noch. Bestrebt, das neu Erlernte anzuwenden, gingen wir ohne Hemmungen auf die Einheimischen zu. Diese würdigten sofort unser Bemühen um ihre Sprache und quittierten es mit einer Gastfreundschaft, die wir bislang noch bei keinem Auslandsaufenthalt erfahren hatten.

Uns wurde klar, dass Sprachen nicht nur im Berufsalltag eine große Rolle spielen. Die soziale Komponente sollte nicht unterschätzt werden. Wir werden in Zukunft jede Urlaubsreise als Anlass nehmen, eine weitere Fremdsprache zu erlernen.

Motiviert von der freundlichen Aufnahme der Bevölkerung, kauften wir einheimische Zeitungen und diskutierten mehr und mehr mit den Bewohnern das aktuelle Tagesgeschehen. Unser Horizont erweiterte sich um ein Vielfaches. Gerade auf Kuba bekamen wir so den Unterschied zwischen der westlichen Darstellung dieses Landes und dem Befinden der Bevölkerung mit. Etwas, was uns ohne Sprachkenntnisse verborgen geblieben wäre.

Auf den Punkt gebracht

- In unseren Schulen wird dem Erlernen von Fremdsprachen nur wenig Bedeutung beigemessen.
- Fremdsprachen gehören gerade in Europa zu den Schlüsselqualifikationen.
- Eine Fremdsprache lässt sich auch in kurzer Zeit erlernen.

Wozu eine Sprache lernen?

Mehrere Sprachen zu sprechen, kann unser Leben ungemein bereichern. Deshalb sollte jeder die Gelegenheit nutzen, sich Fremdsprachen anzueignen. Aber genauso wichtig ist es, sich vorab zu fragen, welche und vor allem warum Sie diese Sprache erlernen möchten.

Wenn Sie einen guten Grund haben, eine Sprache zu lernen, sind Sie motivierter und die Erfolgaussichten größer.

Gründe, eine Sprache zu erlernen, gibt es viele:

- Vielleicht möchten Sie sich mit der örtlichen Bevölkerung unterhalten, wenn Sie Ihren Urlaub im Ausland verbringen.
- Vielleicht haben Sie beruflich Kontakt mit Menschen aus anderen Ländern.
- Oder wollen Sie einfach nur Menschen aus anderen Ländern kennenlernen?

Es gibt noch tiefer greifende Aspekte:

- Immer mehr Unternehmen fördern die fremdsprachliche Weiterbildung ihrer Beschäftigten oder stellen bevorzugt Personen ein, die bereits über Fremdsprachenkenntnisse verfügen. Nicht nur Führungskräfte, sondern auch einfache Arbeitnehmer sollten an Sprachkursen teilnehmen. Fremdsprachenkenntnisse können Ihre beruflichen Entwicklungsaussichten verbessern.
- Eine Fremdsprache zu erlernen, kann Ihr Selbstvertrauen stärken und Ihre Ausdrucksweise verbessern, sodass Sie sich auch in Ihrer eigenen Muttersprache besser ausdrücken können.
- Das Erlernen von Fremdsprachen noch im hohen Alter hält geistig fit, beugt Altersdemenz vor und ist nicht zuletzt ein toller Zeitvertreib.
- Wenn Sie die Sprache einer anderen Person sprechen, können Sie auch deren Kultur und Lebensanschauung besser verstehen. Je mehr Menschen dazu in der Lage sind, desto besser können die Barrieren zwischen den Völkern abgebaut werden.
- Vielleicht leben Sie in einer multikulturellen Partnerschaft?

Sie sehen, welche Bedeutung es haben kann, eine oder mehrere Fremdsprachen zu beherrschen.

> ! Wenn Sie wissen, weshalb Sie eine Fremdsprache lernen, und beim Lernen daran denken, werden Sie sich, unabhängig von Ihrer persönlichen Lebenssituation, besser auf Ihre Ziele konzentrieren und Ihre Lernmotivation aufrechterhalten können.

Sprachen als Schlüssel zur Zukunft

Wer Fremdsprachen lernt, hält einen Schlüssel für eine gute Zukunft in der Hand. Es ist ein Schlüssel, der das Tor zu einer beruflichen Erfüllung aufzuschließen hilft, weil Fremdsprachen Mobilität und Flexibilität fördern.

Dieser Schlüssel passt aber auch, wenn es darum geht, die Persönlichkeit insbesondere – aber nicht nur – junger Menschen zu fördern und sie zu offenen und toleranten Bürgern werden zu lassen.

In vielen Ländern Europas ist es für die meisten Menschen ganz normal, drei Sprachen zu sprechen. In der Europäischen Union können diese Menschen die Vorteile des Binnenmarkts voll ausschöpfen. Es fällt ihnen leichter, für ihre Ausbildung oder aus beruflichen oder sonstigen Gründen in andere Länder zu gehen. Ihre Sprachkenntnisse werden von den Arbeitgebern geschätzt.

Jeder kann Sprachen lernen – das ganze Leben lang. Dafür gibt es kein „zu jung" oder „zu alt"! **!**

Die Europäische Kommission hat dies längst erkannt und möchte erreichen, dass diese Vorteile allen Menschen in der Union zugutekommen. In ihrem Weißbuch von 1995 *„Lehren und Lernen: Auf dem Weg zur kognitiven Gesellschaft"* hat sie als Ziel festgelegt, dass alle EU-Bürger drei europäische Sprachen – ihre Muttersprache und zwei weitere Sprachen – beherrschen.

Die Welt hat sich verändert

Immer mehr Erwachsene pauken Jahre nach ihrer Schulausbildung wieder Vokabeln und Grammatik. Gerade Eltern versuchen, ihre Kinder möglichst früh mit fremden Sprachen in Kontakt zu bringen – spätestens, wenn ihnen bewusst wird, wie sehr sich die Welt verändert hat.

Wer heute nur Deutsch versteht,

- kann den größten Teil des Internets nicht nutzen,
- versteht als Mitarbeiter eines internationalen Konzerns womöglich die Rundmails von Kollegen, Vorgesetzten oder des Vorstands nicht,
- kann die wichtigsten Fachartikel und Bücher nicht lesen,
- steht bei vielen Konferenzen im Abseits.

In fast allen Branchen, insbesondere in der Modebranche, im Finanzwesen, in den Medien, in der Hotellerie und Gastronomie sowie im Groß- oder Einzelhandel, wird heutzutage die Fähigkeit zum interkulturellen Austausch vorausgesetzt.

Auf den Punkt gebracht

- Es gibt viele Gründe, eine Fremdsprache zu erlernen – suchen Sie sich einen, der Sie motiviert.
- Eine Sprache zu erlernen, ist vom Alter unabhängig.
- Die Welt hat sich verändert. Fremdsprachen tauchen in immer mehr Bereichen auf.

Wie ein Kind das Sprechen lernt

Aufgrund der für unsere „deutschen" Ohren so ungewohnten Klang- und Lautwelt der arabischen, afrikanischen oder asiatischen Sprachen erscheint uns das Erlernen dieser Sprachen als große Hürde. Nicht einheimische Kinder dagegen, die in den jeweiligen Sprachregionen heranwachsen, haben mit dem Sprechen dieser Sprachen kaum Probleme, erlernen diese gar mühelos.

> Die Fähigkeit zum Sprechenlernen muss nicht erst mühsam erworben werden, sondern ist angeboren und steht allen gesunden Kindern dieser Welt zur Verfügung.

Welche Sprache Kinder letztlich lernen, hängt hauptsächlich davon ab, welche Sprache Vater, Mutter oder andere Personen in ihrem näheren Umfeld benutzen. In allererster Linie imitieren Kinder nämlich genau das, was sie Tag für Tag hören. Sie nutzen alle die gleichen Verhaltensmuster, um ihre Sprache zu lernen, sei es Chinesisch, Deutsch, Swahili oder Arabisch. Langsam bildet sich ein Wortschatz heraus, der nach und nach immer mehr differenziert wird. Ist das Geräusch von Motoren anfangs noch immer ein Auto, ändert sich das mit zunehmender Sprachfähigkeit. Ein Kind kann dann unterscheiden und benennen, ob es sich um einen Lastwagen, ein Motorrad, einen Sportwagen oder einen Bagger handelt.

Kleinkinder sind wahre Sprachtalente. Ihre Entwicklung verläuft rasend schnell:

- Bereits im Alter von zwei Monaten können Babys die unterschiedlichen Längen von Lauten unterscheiden. Sie beginnen zu lallen, zu gurren und zu quietschen.
- Mit fünf Monaten können Babys bei Wörtern unterschiedliche Betonungen unterscheiden.
- Mit sechs Monaten geben sie erste Silbenketten von sich (da-da-da).
- Mit neun Monaten kann das Baby einzelne Doppelsilben formen (Ma-ma).

Dabei wenden sie folgende Strategien zum Sprechenlernen an:

- Sie verwenden Wörter zuerst ganz allgemein und bezeichnen zum Beispiel alle Tiere als „Hund" oder „Katze". Nach einiger Zeit sind sie in der Lage, Unterschiede zwischen den Tieren zu erkennen und diese auch zu benennen.
- Sie bilden mit Vorliebe neue Wörter, mit denen sie ihre grammatischen Fähigkeiten beweisen. Eine Gärtnerei kann da beispielsweise „Blumung" genannt werden, weil dort Blumen wachsen.
- Alle Kinder wiederholen häufig Wörter und Sätze, weil ihnen der Klang oder die Reaktion ihrer Umgebung gefällt.
- Auch die Fragephase ist bei allen Kindern gleich. Sie drücken damit ihre Neugierde auf die Welt und ihren Lernwillen aus. Die dadurch geforderte Aufmerksamkeit und Zuwendung zeigt ihr Bedürfnis nach Kommunikation.

Kurzum: Der kindliche Spracherwerb ist in allen Sprachen dieser Welt ähnlich.

Erst wenn ein Kind sich der Sprache seiner Umgebung immer mehr bewusst wird, lernt es die Regeln und den Gebrauch seiner Muttersprache.

Dieses automatische Sprechenlernen funktioniert durch die Interaktion mit anderen.

- Ein Kind imitiert das, was es hört. Nicht umsonst ist in den meisten Fällen „Mama" das erste erlernte Wort.
- Ein Kind lernt, seine Mutter anders anzusprechen als den Bruder, den Freund, die Tagesmutter, aber auch seinen Vater.
- Das Kind lernt unterschiedliche Wörter und Redewendungen – je nachdem, wo es ist: zu Hause, im Kindergarten, in der Schule, bei den Großeltern, bei Freunden.

Unser Schlüssel, den wir zum Erlernen von Sprachen entwickelt haben, basiert auf diesen Erkenntnissen.

Mehrsprachigkeit als Gehirn-Jogging

Es ist ein faszinierender Vorgang mitzuerleben, wie ein Kind in seinen ersten Lebensjahren das Sprechen lernt: Vom Schreien und Schmatzen bis hin zu einer vollständigen Unterhaltung in ganzen Sätzen durchläuft es unterschiedliche Entwicklungsschritte, an deren Ende die Sprache als zentrales Mittel der Kommunikation steht. Die Gespräche mit seinen vertrauten Bezugspersonen, den Eltern,

Geschwistern, Schulfreunden und Großeltern, bilden die wichtigste Rahmenbedingung für das Sprechenlernen.

Zweisprachiges Aufwachsen

Wie aber geht es Kindern, die von vornherein zweisprachig aufwachsen?

Ebenso wie Kinder, die einsprachig aufwachsen, haben diese im Alter von 18 Monaten einen Wortschatz von 50 Wörtern – allerdings auf die verschiedenen Muttersprachen verteilt. In jeder einzelnen Sprache können sie sich im Vergleich zu den einsprachig aufwachsenden Gleichaltrigen nicht so gut ausdrücken, doch davon sollten sich die Eltern nicht beunruhigen lassen. Zweisprachigkeit kann sogar die Sprachentwicklung beschleunigen, da diese Kinder gerade die Endkonsonanten früher richtig aussprechen als monolinguale Kinder.

Vertrauen Eltern auf die Kapazität ihres Nachwuchses, geben sie ihnen einen großen Schatz mit auf den Weg. Hierzu zählt nicht nur die Beherrschung von zwei oder mehr Sprachen. Das frühe Hirntraining bringt vermutlich noch weiteren Profit. Zweisprachig aufwachsende Kinder verfügen über eine höhere Aufnahmefähigkeit und können früher Wichtiges von Unwichtigem unterscheiden. Die zweisprachige Erziehung trainiert das Gehirn des Kindes darauf, ständig zwischen zwei Sprachen umzuschalten, um sich dann voll und ganz auf die eine zu konzentrieren. Der gleiche Vorgang passiert im Gehirn, wenn sich ein Kind auf etwas konzentriert und gleichzeitig Lärm und ähnliche äußere Einflüsse ausblendet.

Werden die Kinder nicht überfordert?

Lange Zeit wurde befürchtet, die Kleinen würden sich zu langsam entwickeln, da sie bei einer bilingualen Erziehung in beiden Sprachen weniger kompetent sein würden als einsprachige Kinder in ihrer einen Muttersprache. Schon ein Blick in fremde Kulturen zeigt, dass diese Sorge nicht berechtigt ist. In weiten Teilen Asiens und Afrikas beherrschen die Menschen viele verschiedene Sprachen. Allein in Nigeria wird im Alltag eine Vielzahl von Sprachen verwendet: die Amtssprache Englisch, heimische Handelssprachen, die Sprache aus dem Nachbardorf, jene der Familie. Ohne Probleme wenden die Einwohner je nach Situation die eine oder andere Sprache an.

> Unser Gehirn ist dafür angelegt, mehrere Sprachen zu lernen – unabhängig von Intelligenz oder Sprachbegabung. !

Immer besser verstehen Forscher, in welchen Phasen der Mensch das Verstehen und Sprechen auf welche Weise lernt. Ihre Erkenntnisse bestätigen Eltern, die auf frühe Mehrsprachigkeit setzen: So besitzen Kinder bis etwa zum Alter von drei oder vier Jahren die Fähigkeit, ganz mühelos in Sprachen hineinzuwachsen. Ab dem vierten Lebensjahr aber können sie manche Verben in einer zweiten Sprache nicht mehr sofort korrekt beugen. Im Alter von acht bis zehn Jahren schließlich ist eine große Phase der Entwicklung abgeschlossen – ausgerechnet, wenn Schüler für gewöhnlich mit dem Erwerb ihrer ersten Fremdsprache beginnen. Von diesem Zeitpunkt an lernen Kinder eine

Sprache nicht mehr intuitiv, sondern müssen sie sich ähnlich wie Erwachsene erarbeiten.

Warum versuchen wir nicht, Sprachen so zu lernen, wie kleine Kinder es tun: unter Einsatz aller Sinne, im Alltag ganz nebenbei, ohne das Lernen an sich in den Vordergrund zu stellen und ohne explizit Vokabeln und Grammatik zu pauken?

Auf den Punkt gebracht

- Das Erlernen von Sprachen ist uns angeboren.
- Das Erlernen der Muttersprache ist auf der ganzen Welt gleich.
- Zweisprachigkeit fördert die kognitiven Fähigkeiten von Kindern.
- Wir unterfordern das Gehirn unseres Nachwuchses, wenn wir die Chance, diesen in mehreren Sprachen aufwachsen zu lassen, nicht nutzen.

Ein Schlüssel zu zahlreichen Sprachen

Im vorangegangen Kapitel haben Sie erfahren, wie kleine Kinder das Sprechen lernen. Völlig mühelos eignen sie sich ihre Muttersprache an. Ob in Südamerika oder Finnland, in Australien oder der Mongolei – der Weg ist immer derselbe.

> Das Erlernen der Muttersprache ist in allen Sprachfamilien gleich.

Wie war es denn zu unserer Schulzeit? Je nach Herkunft lehrte man uns Englisch oder Russisch sowie eventuell noch eine weitere Sprache. Abhängig von Fach und Lehrkörper war der Unterricht unterschiedlich gestaltet. Ein Lehrer paukte mit seinen Schülern monatelang Grammatik, der andere ließ sie viel frei reden. Sicherlich kam später der Schüler, der im Unterricht öfter frei reden durfte, im Ausland besser zurecht, aber insgesamt gesehen war das Ergebnis des Fremdsprachenunterrichts in den Schulen niederschmetternd: Kaum ein Schüler war zum Ende seiner Schullaufbahn in der Lage, eine Sprache fließend zu sprechen.

Durch den Rückblick auf unsere eigene Schulzeit wurde uns der Unterschied in den Lernmethoden bewusst, die uns oft alles andere als sinnvoll erschienen. Nachdem wir uns vergegenwärtigt hatten, wie Kinder ihre Muttersprache lernen, formten wir aus unseren Erkenntnissen nach und nach einen Sprachlernschlüssel, der zu möglichst vielen Sprachen passt. Dieser Schlüssel umfasst folgende Elemente:

- Nachahmung und damit verbunden die Aussprache
- Aufbau des Grundwortschatzes
- Wiederholungswelle
- Phrasen
- Erweiterung des Wortschatzes

- Vokabeltraining
- Grammatik

Diese Reihenfolge ist zwar der rote Faden des Schlüssels, die einzelnen Punkte sind aber nicht strikt voneinander zu trennen. Viele der Phasen laufen parallel. Allerdings nicht immer so, wie Sie es aus Ihrer Schulzeit kennen.

Nachahmung und Aussprache

Es beginnt mit leicht nachzusprechenden Elementen der zu lernenden Sprache: Kinderlieder, kurze Gedichte, Reime, Witze und dergleichen. So entsteht ein erstes Hörverständnis bei gleichzeitigem aktiven Sprechen. Durch weiteres gesprochenes Material wird die Aussprache aktiv eingeübt und verbessert.

Aufbau des Grundwortschatzes

Jede Sprache hat einen überschaubaren Grundwortschatz. Finden Sie heraus, welche Wörter in der jeweiligen Sprache am häufigsten vorkommen. Diese lernen Sie auch als Erstes.

Wiederholungswelle

Eine klare Abgrenzung der einzelnen Phasen ist nicht immer vorgesehen. Sie werden immer wieder bestimmte Aspekte des Gelernten so wiederholen, dass diese langfristig in Ihrem Sprachgefüge verankert sind.

Phrasen

Ähnlich wie beim Grundwortschatz gibt es in jeder Sprache bestimmte Phrasen, die ständig angewandt werden. Natürlich werden diese besonders intensiv eingeübt.

Erweiterung des Wortschatzes

Ihr Wortschatz erweitert sich durch die Art des Lernens ganz nebenbei. Sie werden am Ende überrascht sein, wie groß Ihr Vokabular ist.

Vokabeltraining

Jens Seiler hat als mehrfacher Weltrekordhalter in der Gedächtniskunst interessante Kniffe des Vokabellernens, die wir in diesem Buch weitergeben. Sie werden erleben, wie effizient und vor allem spaßig Vokabellernen sein kann.

Grammatik

Grammatik müssen Sie kaum lernen. Sie ist so im Schlüssel integriert, dass die meisten Nutzer sie zu diesem späten Zeitpunkt des Lernens bereits beherrschen. Mit diesem letzten Punkt des Schlüssels verschaffen Sie sich vor allem einen Überblick über die grammatische Struktur der Sprache.

Auf den Punkt gebracht

- Man kann eine Sprache lernen, wie ein Kind seine Muttersprache lernt.
- Unser Schlüssel besteht aus mehreren Phasen, die auch gleichzeitig oder unterbewusst ablaufen.

Die Vorbereitung

Noch bevor Sie das erste Wort in einer Fremdsprache lesen oder sprechen, sollten Sie sich darüber im Klaren sein,

- welche Sprache Sie erlernen möchten,
- warum Sie diese Sprache erlernen möchten,
- bis zu welchem Niveau Sie diese Sprache beherrschen müssen,
- in welcher Zeit Sie das gewünschte Niveau erreichen möchten und
- wie viel Zeit Sie täglich investieren können, um Ihre Ziele zu erreichen.

Warum Sie eine bestimmte Sprache erlernen möchten oder müssen, muss Ihnen von Anfang an bewusst sein. Hiervon hängt entscheidend ab, wie perfekt Sie diese beherrschen müssen. Um sich im Urlaub etwas mit den Einheimischen zu verständigen, reicht ein niedrigeres Sprachniveau aus. Für berufliche Zwecke sollte es entsprechend höher sein.

> Es muss Ihnen bewusst sein, dass die Gesamtzeit, die Ihnen zum Erlernen einer Fremdsprache zur Verfügung steht, im unmittelbaren Verhältnis zur täglichen Übungszeit steht.

!

In zwei Wochen perfekt Russisch zu lernen, wenn Sie täglich nur fünf Minuten investieren können, ist kein realistisches Ziel. Leider wird aber in der Realität oft genau das von Ihnen erwartet: dass Sie sich eine Sprache in kürzester Zeit möglichst perfekt aneignen. In diesem Fall gilt:

Mehrmals täglich zehn Minuten zu üben ist effizienter als einmal zwei Stunden.

Bei den meisten uns bekannten Sprachkursen wird proklamiert, man müsse, um sich eine Sprache anzueignen, täglich mehrere Stunden lernen. Das können wir so nicht stehen lassen. Zwar werden Sie sich, wenn Sie unsere Methode richtig anwenden, ebenfalls mehrere Stunden am Tag mit der Fremdsprache beschäftigen, aber Sie müssen nicht stundenlang üben. Vieles läuft quasi nebenbei.

Setzen Sie sich ein Ziel

Unsere Art, schnell eine Fremdsprache zu erlernen, ist recht spielerisch. Schon aus dem Bereich der Gedächtniskunst sind wir es gewohnt, mit viel Fantasie zu arbeiten. Dies gilt auch beim Erlernen einer Sprache. Umso wichtiger ist es, sich seine Ziele zu definieren.

Ziele? Ja, bei einer effizienten Zielsetzung werden verschiedene Ziele unterschieden.

Langzeitziel

Mit der Auswahl, welche Sprache Sie bis zu welchem Niveau in welcher Zeit erlernen möchten, haben Sie sich bereits ein Langzeitziel gesetzt.

Beherzigen Sie folgende Tipps, erhöht sich die Chance, Ihr Langzeitziel auch wirklich zu erreichen:

- Definieren Sie Ihr Ziel schriftlich und hängen Sie es sich gut sichtbar auf.
- Erstellen Sie einen realistischen Zeitplan.
- Überprüfen Sie immer wieder, ob Sie noch in Ihrem Zeitplan sind.
- Und zu guter Letzt: Setzen Sie Ihre Pläne um.

Kurzfristige Ziele

Üblicherweise sehen kurzfristige Ziele so aus: „Ich möchte jeden Tag eine Lektion durcharbeiten" oder „Ich möchte jeden Tag 20 neue Vokabeln lernen."

Da der Schlüssel zum schnellen Erlernen einer Sprache so aufgebaut ist, dass vieles nebenher läuft, sollte Ihre Zielsetzung eher so aussehen:

- „Ich möchte **zusätzlich** jeden Tag drei mal fünf Minuten meiner neuen Fremdsprache widmen."
- „Ich möchte einen Chatpartner finden, mit dem ich mich täglich austauschen kann."
- „Ich möchte täglich ein neues Vokabelbild erstellen."

Vokabelbild

In Vokabelbildern werden mehrere zu einem Thema gehörende Vokabeln visuell dargestellt. Sie werden Ihnen in diesem Buch noch begegnen (z. B. auf Seite 72).

Motivieren Sie sich

Lesen Sie, dass Sie täglich mehrere Stunden zum Erlernen einer Fremdsprache üben müssen, fällt es Ihnen von Anfang an schwerer, sich zu motivieren. Doch Motivation ist beim Lernen das A und O.

Motivation hilft bei jeder noch so kurzen Lerneinheit.

Sinnvoll ist es, das Lernpensum in mehreren kurzen Lerneinheiten aufzubereiten. Auf keinen Fall sollten Sie hierbei aber das langfristige Ziel aus den Augen verlieren. Sollten Sie damit Schwierigkeiten haben, dann überdenken Sie Ihre vorab gesteckten Langzeit- und kurzfristigen Ziele noch einmal.

Langfristiges und kurzfristiges Lernziel hängen voneinander ab.

Wenn Sie sich dann zu jeder Lerneinheit realistische Ziele setzen, gehen Sie motiviert und damit effizient an die Lektion heran.

„In den nächsten zehn Minuten möchte ich alle Monate und Jahreszeiten lernen" ist beispielsweise eine solche Motivation. Klappen Sie dann nach zehn Minuten das Übungsbuch zu und wiederholen auf dem Gang ins Nachbarzimmer die Monate, sind Sie nicht nur motiviert, sondern verlängern auch unbemerkt Ihre Übungszeit. So lernen Sie täglich mehrere Stunden – merken es aber nicht.

Unsere Methode sieht viele Übungen vor, für die Sie sich nicht extra eine Viertelstunde Zeit nehmen müssen. Manchmal ist dies zwar unumgänglich, aber auch hier gibt es Kniffe, diese Tatsache ohne Motivationsverlust zu akzeptieren.

Um eine Sprache zu erlernen, müssen Sie nicht unbedingt Zeit von anderen Aktivitäten abzweigen. Ganz und gar nicht motivierend wäre das Wissen, im Laufe der nächsten Stunde Grammatik pauken zu müssen. Eine Sprache ohne deren Grammatikregeln zu lernen, ist unmöglich. Möglich ist es jedoch, sich die Grammatik ganz nebenbei anzueignen. Es wird kaum eine Übungseinheit geben, in der Sie sich mit Grammatikübungen herumschlagen müssen.

Grammatikübungen sind oft demotivierend. Es geht auch anders.

Ganz wichtig: Selbstdisziplin

Um eine Sprache schnell zu erlernen, ist eine Sprachschule oder ein VHS-Kurs wenig geeignet. Sie benötigen entweder einen Privatlehrer, der sich Ihrem Lerntempo anpasst, oder Sie lernen allein. Natürlich ist es möglich, einen Fremdsprachenkurs zu besuchen und unsere Methode unterstützend anzuwenden. Das würde Sie jedoch eher aufhalten.

Haben Sie keinen Privatlehrer, so müssen Sie Ihr eigener Lehrer sein. Das hat den großen Vorteil, dass Sie allein entscheiden,

- wann Sie lernen,
- was Sie lernen,
- wie Sie lernen und
- welches Material Sie zu welchem Punkt nutzen.

Aber: Sie benötigen Selbstdisziplin!

Mit der hier vorgestellten Lernmethode wird es Ihnen aber leichtfallen, Selbstdisziplin aufzubringen. Sie ist so aufgebaut, dass Sie sich eine Sprache nicht erarbeiten müssen, sondern mit ihr spielen.

Auf den Punkt gebracht

- Es ist wichtig, sich Ziele zu setzen.
- Motivation ist das A und O.
- Als Ihr eigener Lehrer sind Sie für Ihre Disziplin selbst verantwortlich.

Das Material

Erinnern wir uns an unsere Schulzeit zurück, wird uns bewusst, wie viel verschiedenes Material wir zum Erlernen einer Sprache zur Verfügung hatten:

- Ein Schulbuch für den Unterricht,
- ein Vokabelheft,
- evtl. Karteikarten zum Lernen von Vokabeln,
- ein Wörterbuch,
- vielleicht auch ein zweites, einsprachiges Wörterbuch;
- manchmal führte uns der Lehrer einen fremdsprachigen Film vor
- oder ging mit uns in ein Sprachlabor,
- selten besuchten wir ein Theaterstück in Originalsprache;
- später kamen Textauszüge aus literarischen Werken oder eine Tageszeitung des jeweiligen Landes hinzu.

Der Sprachunterricht scheint sehr abwechslungsreich gewesen zu sein. Allerdings verteilte sich diese Liste auf mehrere Jahre. Richtig interessant wird das Material aber erst, wenn wir es tagtäglich einsetzen.

Je mehr Material Sie zur Verfügung haben, desto effizienter und auch abwechslungsreicher ist es, eine Fremdsprache zu lernen.

Besorgen Sie sich daher zum Erlernen der Fremdsprache Ihrer Wahl möglichst viele verschiedene Lernmaterialien. Hier gibt es sowohl in der Qualität als auch im Aufbau gravierende Unterschiede. Was zunächst wie ein Manko aussieht, machen wir uns mit dem System „Schnell Sprachen lernen" zunutze. Je mehr Material Sie sich beschaffen, umso besser – Hauptsache vielfältig.

Übungsbücher

Unter dem Begriff „Übungsbücher" verstehen wir die Bücher, die wir auch in der Schule genutzt haben. Sie sind in allen Buchhandlungen erhältlich und werden meist von Schulbuchverlagen angeboten.

Beschaffen Sie sich von mindestens zwei verschiedenen Verlagen hochwertige Übungsbücher. „Hochwertig" bedeutet hier keinesfalls „hochpreisig". Unter „hochwertig" verstehen wir Bücher, die regelmäßig an weiterführenden Schulen eingesetzt werden. Fragen Sie dort einfach nach, welche das sind. Möglicherweise kann auch Ihr Buchhändler Ihnen weiterhelfen.

Die Verlage bauen den Einstieg in eine Fremdsprache meist unterschiedlich auf.

Finden Sie zusätzlich noch weitere Übungsbücher ansprechend, erstehen Sie diese ebenfalls. Hier spielt es keine Rolle mehr, ob sie vom selben Verlag sind wie die bereits erworbenen.

Durch das Arbeiten mit Übungsbüchern verschiedener Verlage erhalten Sie verschiedene Blickwinkel auf den Aufbau der Sprache. Sollten Sie in einem Buch etwas nicht verstehen, hilft Ihnen vielleicht schon ein Blick in das entsprechende Kapitel des zweiten Buches. Dies gilt insbesondere für den grammatischen Aufbau.

Unser Sprachlernsystem sieht vor, möglichst wenig zusätzliche Zeit mit Grammatikübungen verbringen zu müssen. Vielmehr wird die Grammatik nebenbei vermittelt.

Denken Sie immer wieder daran, wie ein Kind seine Muttersprache lernt: Es sitzt nicht täglich eine Stunde am Schreibtisch und übt, Verben zu konjugieren – und das müssen auch Sie nicht tun.

Sie werden schnell feststellen, dass Ihnen ein Übungsbuch mehr zusagt als das andere. Das ist völlig normal. Nicht alle lernen auf dieselbe Art. Eine Erklärung, die Ihnen in einem Buch völlig unsinnig erscheint, ergibt für einen anderen Lernwilligen durchaus Sinn – und umgekehrt. Das hat nichts mit mangelnder Lernbereitschaft oder gar fehlender Intelligenz zu tun, sondern liegt daran, dass es verschiedene Lerntypen gibt.

Lerntypen

Der Prozess des Abspeicherns von neuen Informationen in unserem Gehirn verläuft bei allen Menschen mehr oder weniger gleich. Wie wir etwas aufnehmen, lernen und abspeichern, hängt allerdings vom jeweiligen Lerntyp ab.

Man unterscheidet vier klassische Lerntypen: den visuellen, den auditiven, den haptischen und den kinästhetischen. Allerdings kommt nur in äußerst seltenen Fällen, meist bei autistischen Krankheitsbildern, eine so absolute Abgrenzung der einzelnen Lerntypen voneinander vor. Wir lernen nicht nur auf eine Art und Weise. Allenfalls ist ein Wahrnehmungskanal stärker ausgeprägt als die anderen.

Auch wenn Ihnen ein Übungsbuch mehr zusagt als das andere, werden Sie bei der Anwendung unserer Methode mit allen Büchern parallel arbeiten.

Mehr Dialoge als Fließtexte

Suchen Sie sich am besten die Bücher aus, die der gesprochenen Sprache am nahesten sind. Das sind vor allem die, bei denen sehr viele Dialoge vorkommen. Ein Fließtext kann noch so interessant sein – Sie aber wollten möglichst schnell lernen, die Sprache zu sprechen. Lernen Sie zu Beginn, nach dem Wetter oder Befinden zu fragen, einen Kaffee zu bestellen oder über Ihre Hobbys zu berichten, wird Ihnen das Lesen komplexer Texte leichter fallen. Vor allem haben Sie einen schnelleren Einstieg in die gesprochene Sprache.

Dialoge prägen sich schneller ein als Fließtexte.

Ein weiterer Vorteil, sich eher mit Dialogen als mit Fließtexten zu beschäftigen, ist es, dass Sie sich oftmals allein durch Austausch eines einzelnen Wortes in einem anderen Themenbereich verständigen können: „Bitte reiche mir das Brot" oder „Bitte reiche mir den Mantel".

Lautschrift

Der gesprochenen Sprache schnell möglichst nahe zu kommen, bedeutet auch, die Aussprache zu beherrschen. Leider ist nicht in jedem Übungsbuch eine Erklärung der Ausspracheregeln vorhanden. Zwar besteht die Möglichkeit, diese im Wörterbuch nachzuschlagen, aber leichter wird das Einüben der Aussprache mit Lehrbüchern, in denen immer wieder Wörter in Lautschrift übersetzt sind.

Ein gutes Übungsbuch zeichnet sich also auch dadurch aus, dass darin zahlreiche Wörter in Lautschrift wiedergegeben sind.

Umfang der Lektionen

Kurze Lektionen motivieren. !

Übungsbücher verschiedener Verlage unterscheiden sich teilweise erheblich im Aufbau. Bei der Auswahl sollte zwar das Hauptaugenmerk auf einem Buch mit zahlreichen Dialogen und Lautschriftangaben liegen, aber auch die Größe der einzelnen Lektionen spielt eine Rolle.

Wir wollen Sprachen ohne großen zusätzlichen Zeitaufwand lernen. Zu lange und umfangreiche Lektionen können demotivieren. Die Angst, unter Zeitdruck nicht alles von einer Übungsphase zu verstehen, zieht sich bei den weiteren Lektionen durch. „Das lerne ich nie", „Ich begreife schon diesen Punkt nicht", „So komme ich nicht weiter" sind nur einige Sätze, die Ihnen durch den Kopf gehen könnten. Kurze Lektionen wiederum regen Sie an, das Buch auch dann zur Hand zu nehmen, wenn Sie genau wissen, gerade nur zehn bis 15 Minuten investieren zu können.

Wir wollen nebenbei lernen. Lange Lektionen sind oft unüberschaubar, behandeln viel Grammatik, erfordern eine große Anzahl an Vokabeln. Genau dafür fehlt uns aber oft die Zeit. Die Folge: Wir gehen die Lektion erst gar nicht an.

Integrierte Grammatik

Der Aufbau des Übungsbuchs sollte so gestaltet sein, dass in kurzen Dialogen die grammatischen Besonderheiten nach und nach aufgegriffen und in weiteren Lektionen gefestigt werden.

In Übungsbüchern mit solch einem Aufbau finden Sie meistens einen Grammatikteil im Anhang. Das ist gut. Den sollten Sie auch nutzen – allerdings lediglich zum Nachschlagen, nicht zum Auswendiglernen.

Die besten Grammatikerklärungen sind jene, die sich von selbst erklären.

Fehlt ein Anhang mit Grammatikregeln, erwerben Sie sich noch ein zusätzliches Grammatikbuch. Aber auch dieses nutzen Sie bitte ausschließlich zum Nachschlagen.

Integrierter Wortschatz

Vokabeln sollten nach und nach sowie aufeinander aufbauend eingeführt werden. Mehr als 20 neue Vokabeln pro kurze Lektion sind demotivierend und erfordern einen erhöhten zeitlichen Einsatz zum Einprägen.

Optimal ist es, wenn in Ihrem Übungsbuch die neu eingeführten Vokabeln gesondert am Rand vermerkt sind. Enthält das Übungsbuch lediglich ein zusammenfassendes Vokabelverzeichnis am Ende, ist das Arbeiten damit recht unbequem.

Bei längeren Texten kann sich die Bedeutung neuer Vokabeln aus dem Zusammenhang ergeben, sodass ein Nachschlagen gar nicht erst nötig ist. Nicht so bei kurzen Texten oder beim Aufbau eines Grundwortschatzes: Gerade bei kleinen Dialogen ist es oft wichtig, alle Wörter zu kennen. Muss der Leser des Textes erst umständlich im Verzeichnis oder gar in einem Wörterbuch nachschlagen, verliert er Zeit und letztendlich auch Motivation.

Besser schlecht als gar nicht

Bei den meisten gängigen Sprachen ist es kein Problem, sich gute Übungsbücher zu beschaffen. Dies trifft aber nicht auf alle Sprachen zu. Sollten Sie eine Sprache erlernen wollen, die sehr selten ist, und keine Lehrbücher finden, die den oben angeführten Kriterien entsprechen, verzweifeln Sie nicht. Nehmen Sie, was Sie bekommen können. Lehrbücher sind nicht das einzige Material, das wir bei unserer Methode nutzen. Wichtig ist demnach, dass Sie überhaupt ein Übungsbuch besitzen.

Auf den Punkt gebracht

- Arbeiten Sie mit mindestens zwei, besser noch drei verschiedenen Übungsbüchern.
- Die Bücher sollten von verschiedenen Verlagen sein.
- Achten Sie darauf, dass wenigstens eins der Übungsbücher viele Dialoge hat.
- Vokabeln, die auch in Lautschrift dargestellt sind, helfen bei der Aussprache.
- Bevorzugen Sie kurze Lektionen mit knappen Grammatikübungen und einem überschaubaren Vokabular.
- Ein schlechtes Übungsbuch ist besser als gar keins.

Checkliste: Das richtige Übungsbuch	
Mehr Dialoge als Fließtext	✓
Erklärung der Ausspracheregeln	
Vokabeln auch in Lautschrift	
Kurze Lektionen	
Integrierte Grammatik (und Grammatikteil als Nachschlagemöglichkeit im Anhang)	
In Lektionen integrierter Wortschatz	

Vokabelhefte und Karteikästen

Für unser Projekt „Schnell Sprachen lernen" benötigen Sie drei Vokabelhefte:

- ein klassisches für allgemeine Vokabeln,
- ein Phrasenbuch für häufige Sätze, Phrasen und Redewendungen und
- ein sogenanntes „Notfall-Vokabelheft".

Zudem brauchen Sie mehrere Karteikästen für Vokabelkärtchen.

Achten Sie darauf, dass alle drei Vokabelhefte von der Größe her so gestaltet sind, dass Sie sie jederzeit mit sich tragen können. Das Notfall-Vokabelheft sollte aus einer Loseblattsammlung bestehen.

Karteikästen gibt es fertig zu kaufen – sie können aber auch leicht selbst hergestellt werden. Auch in digitaler Form sind sie erhältlich.

> Arbeiten Sie stets mit allen drei Vokabelheften sowie den Karteikästen parallel. **!**

In das klassische Vokabelheft übertragen Sie all die Vokabeln, die Sie aus Ihren Übungsbüchern und aus dem weiteren Lehrmaterial herausziehen.

Handelt es sich nicht um eine einzelne Vokabel, sondern um gängige Sätze aus dem Alltag, Sprichwörter oder feste Redewendungen, wie zum Beispiel „schmutzige Wäsche waschen" für das öffentliche Reden über Missetaten anderer, schreiben Sie diese bitte in einem gesonderten Vokabelheft nieder, dem Phrasenbuch.

Das Lernen von Redewendungen hilft, komplexere oder literarische Texte zu verstehen.

Im Notfall-Vokabelheft entscheiden Sie, welche Wörter und Sätze Sie bestimmt gebrauchen werden. Haben Sie gerade mit dem Lernen einer Sprache begonnen und wollen sich nun in das entsprechende Land begeben, könnten darin zum Beispiel die wichtigsten Vokabeln zum Fragen nach dem Weg, für einen Restaurantbesuch und dergleichen verzeichnet sein. Anregungen finden Sie im Anhang ab Seite 119.

Notfall-Vokabeln sollten schnell nachzuschlagen und somit thematisch gegliedert sein. Dies ist am besten über eine Loseblattsammlung möglich.

Das Notfall-Vokabelheft ist eine individuell zusammengestellte Kombination von klassischem Vokabelheft und Phrasenbuch.

Das parallele Arbeiten mit mehreren verschiedenen Vokabelheften umgeht die zahlreichen Nachteile der Anwendung des klassischen Vokabelhefts: Wenn Sie ausschließlich mit einem klassischen Vokabelheft lernen, prägen Sie sich mehrmals hintereinander die gleiche Reihenfolge ein. Die Folge kann sein, dass Sie bestimmte Vokabeln nur im Zusammenhang mit der Vokabel, die im Heft darüber steht, aus dem Gedächtnis abrufen können.

Wir haben schon oft erlebt, dass uns Seminarteilnehmer sagen konnten, auf welcher Seite die gesuchte Vokabel steht, aber die Übersetzung nicht abgespeichert hatten. Dieses Phänomen rührt daher, dass wir beim klassischen Vokabellernen stets auch die Vokabeln wiederholen, die wir sowieso schon kennen. Mal ganz abgesehen vom unnötigen Lern- und Zeitaufwand fehlt die klare Trennung zwischen den gelernten und den ungelernten Vokabeln.

Sobald eine Vokabel eingetragen ist, können Sie keine nachträglichen Einträge hinzufügen, ohne die Übersichtlichkeit zu zerstören.

Trotz zahlreicher Nachteile: Arbeiten Sie – zumindest zusätzlich – mit Vokabelheften.

Vokabelhefte sind zum Vokabellernen unterwegs gedacht.

!

Der Einsatz mehrerer Karteikästen merzt all die genannten Nachteile von vornherein aus. Da es aber unpraktisch ist, sie den ganzen Tag mit sich herumzutragen, sollten Sie mit ihnen parallel arbeiten. Wären sie nicht so unhandlich, würden wir in der Tat nur diese Methode des Vokabelarchivierens empfehlen.

Um mit einem Karteikasten zu arbeiten, benötigen Sie den Kasten an sich, Trennblätter und Karteikarten. Was Sie damit anstellen, erfahren Sie ab Seite 68.

Auf den Punkt gebracht

- Arbeiten Sie mit drei Vokabelheften und einem Karteikastensystem parallel.

- Sie benötigen ein allgemeines Vokabelheft, eines für Phrasen sowie ein „Notfall-Vokabelheft" in Loseblatt-Form.
- Karteikastensysteme stellen das beste Archivierungs- und Lernsystem für Vokabeln dar.

Wörterbücher

Wir empfehlen, von Anfang an mit mehreren Wörterbüchern zu arbeiten:

- einem großen, umfassenden Wörterbuch,
- einem Wörterbuch in Taschenformat,
- einem einsprachigen Wörterbuch und
- einem visuellen Wörterbuch.

Das umfassende Wörterbuch sollten Sie als Nachschlagewerk nutzen können. Hierfür sollte es möglichst viele Stichwörter, aber auch Redewendungen enthalten. Gute Wörterbücher bieten zusätzlich noch Übersetzungen aus den unterschiedlichsten Bereichen und Stilschichten: von der Umgangssprache bis zum gehobenen Ausdruck sowie Fachvokabular aus gängigen Bereichen wie Handel, Finanzen, Recht und EDV.

Großes Wörterbuch

Gerade als Nachschlagewerk ist ein zweisprachiges Wörterbuch dem einsprachigen vorzuziehen.

Als Nachschlagewerk kann ein Wörterbuch nicht umfassend genug sein.

Wir gehen davon aus, dass Sie eine Ihnen völlig fremde Sprache lernen wollen. Um ein einsprachiges Wörterbuch zu nutzen, muss ein gewisser Grundwortschatz vorhanden sein. Über diesen werden Sie nicht von Anfang an verfügen können.

Kleines Taschenwörterbuch

Ein umfassendes Wörterbuch ist schwer und unhandlich. Um quasi nebenbei eine Sprache zu lernen, benötigen Sie ein Wörterbuch, das Sie stets bei sich tragen können.

Ein kleines Wörterbuch sollte Ihr ständiger Begleiter sein.

Wörterbücher in Taschenformat bieten natürlich nicht annähernd so viel wie ein umfassendes Nachschlagewerk. Wichtig ist aber, dass Sie auch unterwegs die eine oder andere Vokabel nachschlagen können. Zwar kann es sein, dass Sie nicht alle Begriffe finden, aber Sie können wenigstens weiterlernen. Wichtig ist, dass Sie einen freien Augenblick nicht ungenutzt verstreichen lassen, nur weil Sie eine Übung aufgrund fehlenden Vokabulars nicht nachvollziehen können.

Einsprachiges Wörterbuch

Einsprachige Wörterbücher dienen nach dem Aufbau des Grundwortschatzes auch als Quelle für Synonyme.

Sie sind nicht dazu geeignet, unterwegs schnell etwas nachzuschlagen. Fehlt noch der Grundwortschatz einer Sprache, kann es häufig passieren, dass Sie die Erklärung des nachgeschlagenen Wortes genauso wenig verstehen wie das Wort selbst.

Einsprachige Wörterbücher sind eine gute Möglichkeit, tiefer in eine Sprache einzusteigen. Teilweise werden hier Begriffe umschrieben, teilweise werden Synonyme genannt.

Visuelles Wörterbuch

Ein visuelles Wörterbuch bietet eine Kombination von Bild und Wort, was den Zugang zur Sprache erleichtert.

Visuelle Wörterbücher zeigen, was andere erklären.

Die Seiten sind nach Themen aufgebaut, die die meisten Bereiche des Alltags abdecken. Schlagen Sie beispielsweise eine Obstsorte nach, sehen Sie auf einen Blick das Vokabular für zahlreiche weitere Früchte.

Auf den Punkt gebracht

- Arbeiten Sie mit mehreren Wörterbüchern: einem umfangreichen Nachschlagewerk, einem für unterwegs sowie einem visuellen.

- Nach dem Aufbau eines Grundwortschatzes empfiehlt sich zusätzlich noch ein einsprachiges Wörterbuch. Die Synonyme erweitern den Wortschatz.

Sprachensoftware

Es ist empfehlenswert, sich eine Sprachensoftware zuzulegen, bevor man mit dem Lernen einer Sprache beginnt. Im Gegensatz zu den anderen Materialien ist es hierbei nicht sinnvoll, sich mehrere zu beschaffen – und mag die Auswahl noch so groß sein. Bei unserer Methode benötigen Sie die Sprachensoftware lediglich als Begleitmaterial.

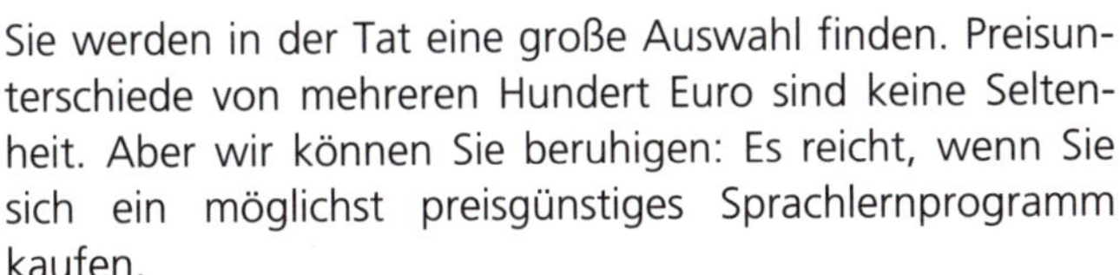

Eine Software allein reicht zum Erlernen einer Sprache nicht aus.

Sie werden in der Tat eine große Auswahl finden. Preisunterschiede von mehreren Hundert Euro sind keine Seltenheit. Aber wir können Sie beruhigen: Es reicht, wenn Sie sich ein möglichst preisgünstiges Sprachlernprogramm kaufen.

Wichtig ist bei Ihrer Auswahl nur,

- dass sowohl die Audio- als auch die Computerübungen interaktiv gestaltet sind,
- dass Übungen für den Computer integriert sind, bei denen Sie selbst aufsprechen können, und
- dass die Texte von Muttersprachlern gesprochen werden.

Programme, die diese Kriterien erfüllen, sind durchaus für wenig Geld zu erhalten.

Teure Programme sind nicht unbedingt besser als die meisten preisgünstigen.

Viele Softwareanbieter versprechen, Sie bräuchten nur den Kurs zu kaufen und die beiliegende Audio-CD in den Rekorder zu schieben, und schon könnten Sie ganz nebenbei beim Autofahren oder völlig relaxt im Wohnzimmersessel die Sprache erlernen. So einfach ist es wahrlich nicht.

Für unsere Methode ist eine Sprachensoftware aber unerlässlich, um so die Aussprache sowie den allgemeinen Klang einer Sprache auf Dauer ins Ohr zu bekommen.

Auf den Punkt gebracht

- Eine Sprachensoftware reicht vollkommen aus.
- Teuere Softwares sind nicht unbedingt die besseren.
- Achten Sie auf Interaktivität und muttersprachliche Sprecher.
- Sprachensoftwares ermöglichen es uns, den Klang der Sprache kennenzulernen und damit die Aussprache zu verfeinern.

Tonträger

Der immer handlichere Umgang mit der Aufnahme- und Abspieltechnologie ist für Menschen, die eine Sprache lernen wollen, ein wahrer Segen.

> Bis zu einem gewissen Grad können gute Tonträger einen Muttersprachler ersetzen. **!**

Sprachensoftwares liegt zwar immer ein Tonträger bei, doch von diesem Medium können Sie sich gar nicht genug anschaffen – zumal Sie gerade hier für sehr viel Abwechslung sorgen können.

Bei „Schnell Sprachen lernen" geht es in erster Linie darum, die Sprache mit möglichst wenig zusätzlichem Zeitaufwand zu erlernen. Und hierfür sind insbesondere Tonträger aller Art das optimale Medium.

Besorgen Sie sich möglichst viele Exemplare von

- Audioträgern mit kurzen Dialogen:
  Diese finden Sie häufig als Begleitmaterial zu Sprachensoftwares. Achten Sie unbedingt darauf, dass die Sprecher Muttersprachler sind.
- Kinderliedern:
  Kinder können schon früh Lieder mit einem Vokabular singen, das sie im allgemeinen Sprachgebrauch noch nicht nutzen. Optimal ist ein beiliegendes Textbuch. Die Kombination von Sprache und Musik unterstützt das Gehirn beim Lernen.

- Musik-CDs einer Stilrichtung, die Sie anspricht:
  Hier werden Sie zum Verstehen zwar noch die beiliegenden Songtexte zu Hilfe nehmen müssen, aber dann hat dieses Medium denselben Effekt wie das Hören von Kinderliedern – eben nur eine Schwierigkeitsstufe höher.
- The Grooves:
  Das sind CDs, die mit Untermalung von Pop- und Jazzmusik einen recht umfangreichen Wortschatz vermitteln. Es gibt sie in zahlreichen Sprachen, in den gängigsten sogar thematisch sortiert. Sehen Sie am besten einfach unter www.thegrooves.de nach, ob auch Ihre Wunschsprache dabei ist.
- Hörbücher:
  Anfangs sollten Sie noch nach Literatur für Kinder Ausschau halten. Doch schrecken Sie nicht davor zurück, auch anspruchsvolle Romane in der zu lernenden Sprache zu erwerben. Die meisten Hörbücher sind akzentfrei und sehr deutlich gesprochen. Achten Sie auch hier auf Muttersprachler.

Durch Zuhören, Mitlesen, gar Mitsingen nutzen Sie alle zum Lernen notwendigen Bereiche des Gehirns voll aus. Sie lernen mehrkanalig. Besser können Sie ans Sprachenlernen kaum herangehen, zumindest, wenn Sie für sich allein lernen.

Auf den Punkt gebracht

- Wer allein eine Sprache lernt, hat mit Tonträgern eine optimale Alternative zum Umgang mit Muttersprachlern.

- Musik, insbesondere Kinderlieder, unterstützen im wahrsten Sinne des Wortes kinderleicht den Zugang zur Sprache.
- Spezielle CDs vermitteln Vokabular mit musikalischer Unterstützung.
- Hörbücher werden exzellent vorgelesen und unterstützen das Erlernen von Aussprache und Klang der Sprache.
- Mit Tonträgern lernen Sie mehrkanalig.

Leichte Lektüre

Gerade als Motivation, aber auch um das Erlernen einer Sprache möglichst unterhaltsam und abwechslungsreich zu gestalten, bietet es sich an, sich möglichst vielfältige Lesematerialien zu besorgen.

Bedenken Sie stets: Sie werden sich, nachdem alle Vorbereitungen abgeschlossen sind, sehr viel mit Ihrer neuen Sprache beschäftigen. Und je mehr Abwechslung Sie dabei haben, umso mehr Freude wird es Ihnen machen. Und ganz nebenbei erhöht sich so auch der Lerneffekt.

Unser Gehirn lernt am besten, wenn es unterschiedlich und vor allem mit viel Fantasie angeregt wird. !

Unsere Erfahrung zeigt, dass der passive Wortschatz gerade zu Beginn schneller wächst als der aktive. Er wird mit nahezu jedem gelesenen Satz größer. Gleichzeitig werden die bereits bekannten Wörter immer wieder abgerufen, der (zunächst passive) Wortschatz also intensiv genutzt. Und das wiederum hilft uns später, die Sprache aktiv anzuwenden.

Zusätzlich erwerben Sie durch das Lesen einfacher Lektüren eine gewisse Leseroutine in der fremden Sprache. Durch die gute Leseroutine wiederum verinnerlichen Sie so ganz nebenbei grammatische Strukturen. Wie eine Spirale schraubt sich Ihr Kenntnisstand der Fremdsprache hoch.

Je geübter Sie im Lesen fremdsprachiger Texte werden, desto leichter werden Ihnen auch schwierigere Texte zugänglich sein.

Comics

Den besten Einstieg finden Sie über Comics oder Kinder- und Jugendliteratur.

Comics sind schon lange kein „Kinderkram" mehr.

In den meisten Ländern – und damit auch Sprachen – haben sich Comics schon seit Jahren auch bei den Erwachsenen etabliert. Viele Verlage bieten Comics in den unterschiedlichsten Stilrichtungen bis hin zu anspruchsvoller Literatur an.

Insbesondere wenn Sie sich eine Sprache aneignen möchten, helfen Ihnen die Zeichnungen, das Fortschreiten der Handlung nachzuvollziehen, selbst wenn Sie nicht jedes

Wort verstehen. Die Texte sind meist leicht verständlich und dennoch sehr unterhaltsam.

Unterhaltsames Lernen motiviert und unterstützt das Gehirn beim Auffassen neuer Informationen.

Kinder- und Jugendliteratur

Kinder- und Jugendliteratur ist durchaus auch für Erwachsene geeignet. Sie hat in vielen Kulturen mittlerweile einen hohen Stellenwert und wird als literarisches Genre sehr ernst genommen. Immer mehr Kinder- und Jugendbuchautoren genießen ein hohes Ansehen.

Die Zeiten, in denen Kindern ausschließlich eine heile Welt vorgegaukelt wurde, sind vorbei. Der Leser erhält – in sehr flüssiger und gut verständlicher Sprache geschrieben – oft viel Hintergrundinformation über das Mutterland der zu lernenden Sprache. Und diese Informationen helfen uns wiederum, viele Aspekte der Sprache zu verstehen.

Witze

„Lachen ist die beste Didaktik." oder „Wer zuerst lacht, lernt am besten."

Diesem Motto können wir nur zustimmen. In jeder Sprache gibt es Bücher mit Witzen, Anekdoten und humorvollen

Zitaten. Die Texte sind kurz und pointiert und meist leicht verständlich.

Und Witze wollen weitererzählt werden. Wir lernen immer wieder neue Witze in den unterschiedlichsten Sprachen. Haben wir einen entsprechenden Landsmann vor uns, ist dies ein unterhaltsamer Einstieg in einen multikulturellen Austausch.

Zeitungen und Illustrierte

Das Tagesgeschehen aus Sicht anderer Länder zu verfolgen, ist mehr als nur Sprachelernen.

Um einer politischen Diskussion in einer Fremdsprache zu folgen, muss man schon recht geübt sein. Da wir aber die Themen bereits von unserer Muttersprache her kennen, fällt das Lesen ausländischer Zeitungen leichter, als man glauben mag. Dem Vokabular tut es allemal gut.

Wem dies zu anspruchsvoll ist und wer eventuell auch keine deutsche Zeitung liest, kann auf Illustrierte ausweichen. Themen wie Mode, Wohnen, Erziehung, Kochen oder Lifestyle richten sich an eine breite Leserschaft und sind daher einfach formuliert. Zahlreiche Illustrationen sorgen für einen leichteren Zugang zu den meist kurz gehaltenen Texten.

Auch Jugendliche lesen Zeitschriften – in allen Ländern. Sollten Sie also die Texte von ausländischen Tageszeitungen oder Illustrierten noch nicht verstehen, ist eine Zeitschrift für Jugendliche eine gute Alternative. Auch hier mischen sich Erzählungen, Interviews, Rätsel und Comics mit aktuellen Reportagen und Berichten.

Spätestens wenn Sie die ausländischen Zeitschriften für Jugendliche flüssig lesen können, sollten Sie zu Illustrierten und Tageszeitungen wechseln.

Auf den Punkt gebracht

- Besorgen Sie sich möglichst viel unterschiedliche zusätzliche Lektüre, die leicht zu verstehen ist.
- Comics, Kinderbücher, Witzsammlungen, Tageszeitungen und Illustrierte eignen sich zum unterhaltsamen Lernen.
- Durch das Lesen dieser Lektüren erhalten Sie viel Hintergrundwissen über das Land, dessen Sprache Sie lernen.

Die Methode

Wissen Sie, welche Sprache Sie mit der von uns vorgestellten Methode zuerst erlernen möchten?

Zuerst? Ja. Bei uns Autoren wurde nach unserem gelungenen Selbsttest (vgl. Seite 10) das Sprachenlernen zur Sucht.

Sind Sie motiviert? Haben Sie sich möglichst viele von den Materialien, die wir im vorangegangenen Kapital erläutert haben, besorgt?

Dann lassen Sie uns beginnen.

„Schnell Sprachen lernen" – der Schlüssel

Grob zusammengefasst lernen Sie hier eine Sprache, wie ein Kind es tun würde.

Von Beginn an beschäftigen Sie sich in jeder freien Minute mit der neuen Sprache. Dabei achten wir stets darauf, dass Sie möglichst wenig zusätzliche Zeit zum Vokabel- und Grammatiklernen investieren müssen.

Zuerst müssen Sie die Aussprache beherrschen, anschließend viel lesen und nach Möglichkeit viel reden. Die Textauswahl ist dabei so gestaltet, dass Sie quasi nebenbei die grammatischen Strukturen erlernen und sich schnell einen großen Wortschatz aneignen können. Erst bei der Vertiefung der Grammatikregeln sowie beim Aufbau des Wortschatzes werden Sie zusätzlich Zeit investieren müssen. Aber hierfür gibt es zahlreiche Tipps und Tricks, die Ihnen viel Arbeit abnehmen und vor allem viel Zeit einsparen werden.

Gerade das Ausnutzen Ihrer wenigen freien Zeit ist ein wichtiger Aspekt des Schlüssels.

Die korrekte Aussprache lernen

Lesen bildet. Lesen in einer fremden Sprache fördert zudem noch das Verständnis für die grammatische Struktur und die Sprachmelodie. Um ein Gefühl für die Aussprache zu bekommen, müssen Sie als Erstes wissen, wie die einzelnen Buchstaben, Silben und Wörter ausgesprochen werden.

Keine Panik, wenn Sie eine Sprache lernen möchten, die nicht die lateinische Schrift verwendet. Meist enthalten die entsprechenden Übungsbücher eine Tabelle mit einer „Übersetzung" der Buchstaben. Solche Transkriptionstabellen ermöglichen Ihnen einen relativ schnellen Zugang zu Sprachen wie Russisch, Griechisch oder Arabisch.

Von Beginn an müssen Sie wissen, wie einzelne Buchstaben, Silben und Wörter ausgesprochen werden.

Jedes uns bekannte Wörter- und Übungsbuch hat eine Tabelle mit Ausspracheregeln. Schauen Sie sich diese in jedem Buch, mit dem Sie arbeiten werden, genau an. Denn trotz international gängiger Lautschrift gibt es in der Darstellung zahlreiche Unterschiede.

Machen Sie sich mit diesen Ausspracheregeln vertraut, indem Sie jedes Beispielwort mehrmals laut sprechen. Sie werden feststellen, dass bestimmte Laute unseren ähnlich sind, andere wiederum werden Sie kaum auf Anhieb korrekt aussprechen können. Üben Sie gerade diese möglichst intensiv ein.

Je mehr Sie sich von Anfang an dem Klang der Fremdsprache annähern, desto schneller werden Sie die Sprache aktiv nutzen.

Kontrolle der richtigen Aussprache

Gerade beim Einstudieren der Aussprache ist eine Kontrolle immens wichtig. Je perfekter Sie von Anfang an die einzelnen Laute sowie die gesamte Sprachmelodie beherrschen, desto leichter wird Ihnen das weitere Lernen fallen.

- Sie lesen flüssiger, selbst wenn Sie leise lesen.
- Die Hemmschwelle des Sprechens ist niedriger, da Sie keine Angst haben, wegen Ihrer Aussprache belächelt zu werden.
- Nicht zuletzt können Sie Wörter, die Ihnen nicht bekannt sind und die Sie nur gehört haben, nachschlagen.

Die beste Kontrolle ist natürlich, wenn Sie einen Muttersprachler zur Seite haben. Ist dies nicht der Fall, bietet es sich an, in dieser Phase des Sprachenlernens mit einem Computersprachkurs zu arbeiten. Computersprachkurse verfügen meist über eine Spracherkennungstechnologie, die Ihre Aussprache effektiv korrigiert und verbessert.

Selbst die günstigen Computersprachkurse bieten zum eigentlichen Kurs noch einen Audio-Vokabeltrainer für unterwegs an. Inhaltlich können wir diesen nicht empfehlen. Wenn Sie diese CD aber möglichst oft nebenbei laufen lassen, schult dies Ihre Aussprache- und Hörfähigkeit.

In dieser Phase des Lernens ist ein Audio-Vokabeltrainer effizienter als das Hören eines Hörbuchs. Das bedeutet aber nicht, dass Sie das eine unbedingt durch das andere ersetzen müssen.

Sind Ihnen die Ausspracheregeln bekannt, lesen Sie so oft wie möglich fremdsprachige Texte laut. Dabei müssen Sie diese inhaltlich nicht einmal verstehen.

Auf den Punkt gebracht

- Sprachenlernen beginnt mit der korrekten Aussprache.
- Kontrollieren Sie unbedingt Ihre Aussprache. Gerade zu Beginn schleichen sich gerne Fehler ein.
- Audio-CDs mit Vokabeln sind gutes Begleitmaterial, wenn man damit beginnt, eine Sprache zu lernen.
- Wenn Sie alle Ausspracheregeln kennen, lesen Sie möglichst oft laut.

Zwei Wellen und das Paretoprinzip

Sind Sie der Meinung, die meisten Laute korrekt aussprechen zu können, ist es an der Zeit, mit dem eigentlichen Erlernen der neuen Sprache zu beginnen.

Wir empfehlen, in zwei Wellen vorzugehen: Die erste Welle ist passives Lernen. In der zweiten Welle folgt das aktive Lernen.

Welle 1: Passives Lernen

Passives Lernen bedeutet erst einmal:

- Lesen – laut lesen:
  Bereits beim Einstudieren der Aussprache haben Sie viele Wörter laut gelesen. Der nächste Schritt ist, längere Texte bis hin zu den kompletten Übungsbüchern zu lesen – ebenfalls laut. Natürlich werden Sie zu diesem Zeitpunkt kaum etwas vom Gelesenen verstehen. Das spielt auch noch keine Rolle. Sie werden aber feststellen, dass Sie allein durch das flüssige Lesen und aufgrund der Vielzahl aus anderen Sprachen herleitbarer Vokabeln von Seite zu Seite mehr Textverständnis erhalten.
- Lesen Sie weiter – laut. Ernsthafte Übungen zum Textverständnis folgen später.
  Die meisten guten Übungsbücher sind so aufgebaut, dass sowohl Fließtexte als auch Vokabeln und Grammatikteile in einer Lektion vorkommen. Sie interessiert zu diesem Zeitpunkt aber lediglich das laute Lesen.
- Lesen Sie nicht nur die Dialoge und Fließtexte, sondern auch die Vokabeln und vor allem den Grammatikteil. Doch lesen Sie dies wirklich nur – lernen Sie noch keine Vokabeln und machen Sie keine grammatischen Übungen.
- Das Einzige, was Sie zu diesem Zeitpunkt machen können – aber nicht unbedingt müssen –, ist, sich markante Stellen, die Ihnen aus irgendeinem Grund auffallen, anzustreichen. Sei es, dass Ihnen ein und dieselbe Vokabel ins Auge springt, sei es, dass Sie meinen, alles verstanden zu haben, und dies später kontrollieren möchten.
- Im Großen und Ganzen lesen Sie bis zum Ende weiter, und zwar in Ihrem eigenen Tempo.

Eigenes Tempo

Das optimale eigene Tempo führt zum flüssigen Lesen. Ist das Lesetempo zu langsam, hat das Gehirn keine Chance, ein Textverständnis – zu diesem Zeitpunkt noch unterbewusst – oder ein Gefühl für die Sprache zu entwickeln. Lesen Sie zu schnell, entgehen dem Gehirn wichtige Details, die es benötigt, um eine Struktur für die neu gewonnen Informationen aufzubauen.

Sind Sie am Ende des Buches angelangt, blättern Sie zurück zur Seite eins. Das aktive Lernen – die zweite Welle – beginnt.

Sie werden feststellen, dass Sie, nachdem Sie das ganze Buch im geeigneten Tempo lediglich gelesen haben und anschließend zur ersten Lektion zurückgekehrt sind, diese zum größten Teil verstehen. Wahrscheinlich können Sie sogar die Grammatikübungen ohne Probleme bewältigen. Je nach Schwierigkeit einer Sprache und Ihren eigenen Sprachlernfähigkeiten wird sich dies in den folgenden Lektionen fortsetzen.

Ursache für dieses Phänomen ist das Paretoprinzip.

Paretoprinzip

Das Paretoprinzip ist auch unter dem Begriff „80-zu-20-Regel" bekannt und besagt, dass 80 % der Ergebnisse in 20 % der Gesamtzeit eines Projekts erreicht werden. Die verbleibenden 20 % verursachen die meiste Arbeit.

Sie können den Effekt noch erhöhen, wenn Sie mit der zweiten Welle beginnen, nachdem Sie etwa zwei Drittel des Übungsbuchs in Ihrem eigenen Tempo gelesen haben.

Von nun an können Sie parallel vorgehen: Sie lesen den Rest des Übungsbuchs weiter – laut und in Ihrem eigenen Tempo. Zusätzlich beginnen Sie, das Übungsbuch von vorne durchzuarbeiten.

Welle 2: Aktives Lernen

Mit dem Zurückgehen zu Lektion eins beginnt das aktive Lernen.

Anstatt nur laut zu lesen, gehen Sie dieses Mal intensiver an die Lektionen heran:

- Lesen Sie den Beispieldialog bzw. den Fließtext.
- Schauen Sie sich die Vokabeln in diesem Text an. Dank der ersten Welle dürften Sie diese fast alle kennen, ohne sie auch nur einmal explizit gelernt zu haben.
- Lernen Sie bewusst die noch unbekannten Vokabeln. Wie Sie das am effizientesten tun, erfahren Sie im Kapitel „Vokabeltraining“ ab Seite 101.
- Machen Sie alle Grammatikaufgaben. Auch hier gilt das Paretoprinzip. Halten Sie sich auf keinen Fall mit den Übungen auf, bis Sie sie hundertprozentig beherrschen.
- Im letzten Schritt übersetzen Sie alle deutschen Texte auf dieser Seite in die Fremdsprache.

Das Übersetzen in die Fremdsprache ist der wichtigste Bestandteil des schnellen Lernens einer neuen Sprache.

Von unserer Schulzeit her war uns noch in Erinnerung, wie viel Respekt wir gerade vor dieser Übung hatten. Umso erstaunter waren wir, wie leicht uns die Formulierungen in der fremden Sprache fielen. Auch dieses Phänomen hatten wir dem Lernen in zwei Wellen zu verdanken.

Auf den Punkt gebracht

- Lernen Sie in zwei Wellen: einmal passiv und einmal aktiv.
- Passiv lernen heißt, im eigenen Tempo zu lesen.
- Aktiv lernen heißt: Grammatikübungen, Vokabeln lernen und Texte übersetzen.
- Die aktive Welle wird Ihnen leichter fallen als Sie vermuten.

Den Wortschatz erweitern

Vokabeln sind die Zelle einer Sprache. Natürlich reicht es beim Erlernen einer Sprache nicht aus, Hunderte von Vokabeln einzupauken. Doch zu unterschätzen ist das Vokabellernen auf keinen Fall.

Je mehr Vokabeln Sie beherrschen, desto leichter fällt es Ihnen, die jeweilige Sprache anzuwenden.

Vor einem Besuch in China hatten wir die hier vorgestellte Methode noch nicht entwickelt. Die Zeit war zu knapp, um sich ohne eine ausgefeilte Technik noch schnell Chinesisch beizubringen. So besorgten wir uns ein Reisewörterbuch und lernten daraus die wichtigsten Vokabeln und Sätze. Spätestens in den abgelegenen Dörfern Chinas waren wir darüber sehr froh. Wir stellten fest, dass unser Lernen einige Vorteile mit sich brachte:

- Unsere Hemmschwelle, die Sprache und nicht nur Hände und Füße zum Kommunizieren zu gebrauchen, war sehr niedrig.
- Die Chinesen reagierten auf unser Bemühen, uns mit ihnen in ihrer Sprache zu unterhalten, mit großer Gastfreundschaft. Gerade in den abgelegenen Gebieten beherrschten die Bewohner ausschließlich ihre Muttersprache.
- Wir bekamen ein paar Brocken von den Gesprächen der Einheimischen mit. Schnell wurden wir in diese Gespräche einbezogen und lernten dadurch viel über Land und Leute.
- Nicht zuletzt wandten wir das Chinesische immer wieder an und lernten in den wenigen Wochen mehr, als wir es in Deutschland jemals hätten erreichen können.

Die „Wortschätze" einer Sprache

Der Wortschatz einer jeden Sprache lässt sich in drei Kategorien einteilen:

- Grundwortschatz
- Aufbauwortschatz
- Spezialwortschatz

Um sich in einer Sprache fließend ausdrücken zu können, muss Ihr Wortschatz keinesfalls so umfangreich sein wie der eines Muttersprachlers.

Der Grundwortschatz umfasst meist um die 2.500 Wörter – diejenigen, die am häufigsten vorkommen. Beherrschen Sie diese Basis an Vokabular, können Sie sich in allen Alltagssituationen verständigen und verstehen rund 80 bis 85 Prozent aller Texte. Ausnahmen bilden wissenschaftliche sowie hoch literarische Texte.

2.500 Wörter bilden also den Grundwortschatz. In den uns bekannten Übungsbüchern sind meist 2.000 dieser Wörter bereits enthalten. Sie sehen: Arbeiten Sie die Übungsbücher nach dem Zweiwellenprinzip durch, erlernen Sie automatisch den größten Teil des Grundwortschatzes, ohne zusätzlich Vokabeln zu pauken. Sie lernen sozusagen Vokabeln, ohne Vokabeln zu lernen! Und mit der Grammatik verhält es sich nicht anders.

Für das Vokabellernen, wie wir es aus der Schule kennen, müssen Sie erst dann Zeit investieren, wenn Sie sich dem Aufbauwortschatz widmen.

Durchschnittlich enthält der Aufbauwortschatz weitere 1.000 bis 2.000 Wörter sowie landestypische Begriffe und Redewendungen oder Sprichwörter. Sie benötigen ihn, wenn Sie häufiger anspruchsvollere Texte lesen und sich möglichst flexibel und gewandt ausdrücken möchten.

Aufbauwortschatz – Redewendungen verstehen

Die eigentliche Bedeutung von „Rom wurde nicht an einem Tag erbaut" lässt sich mit dem Grundwortschatz kaum er-

fassen, da eine wörtliche Übersetzung im Gespräch keinen Sinn ergeben würde. Bei den Spaniern heißt es beispielsweise: „Zamora ist nicht in einer Stunde gewonnen worden." Erst wenn man diese Redewendung kennt, weiß man, was gemeint ist.

Investieren Sie zusätzliche Zeit und beherrschen letztendlich auch den Aufbauwortschatz, fehlen Ihnen – verglichen mit einem Muttersprachler – lediglich fünf Prozent an Vokabeln, nämlich der sogenannte Spezialwortschatz.

Auf den Punkt gebracht

- Der Wortschatz einer Sprache unterteilt sich in Grund-, Aufbau- und Spezialwortschatz.
- Ihr Wortschatz muss vom Umfang her keinesfalls dem eines Muttersprachlers entsprechen.
- Mit unserer Methode lernen Sie den Großteil des Grundwortschatzes, ohne explizit Vokabeln zu lernen.

Vokabeln – sehen und lernen

Kinder sind deshalb in der Lage, sich sehr schnell ein großes Vokabular ihrer Muttersprache anzueignen, weil sie permanent mit den meistgebrauchten Wörtern konfrontiert werden. Wir hingegen kamen in der Schule nur zwei- bis dreimal die Woche im Rahmen einer Fremdsprachenstunde mit diesen Wörtern in Kontakt. Mit Ausnahme vom Vokabellernen liefen sie uns außerhalb dieser Unterrichtsstunden jedoch nicht über den Weg. Dabei befassen sich die meisten Texte aus den Lehrbüchern zu Beginn mit Begriffen aus dem Alltagsleben.

Post-its

Post-its machen Begriffe aus dem Alltag im Alltag sichtbar.

Auch wenn es nicht in das Gesamtbild Ihrer Wohnung passt: Bekleben Sie alle Alltagsgegenstände mit Post-its. Diese können Sie früher als Sie denken wieder entfernen, da mit diesem visuellen Effekt die Vokabeln im wahrsten Sinne des Wortes schnell haften bleiben.

Optimal beschriften Sie jeden einzelnen Zettel mit drei Zeilen:

- 1. Zeile: die Vokabel mit Artikel, z. B. „das Fenster"
- 2. Zeile: ein Satz, in dem die Vokabel vorkommt, z. B. „Ich öffne das Fenster."
- 3. Zeile: ein weiterer Satz mit der Vokabel, z. B. „Ich schließe das Fenster."

Es ist ein nicht zu unterschätzender Faktor, ein und dieselbe Vokabel in verschiedenen Zusammenhängen zu lernen. Im Kapitel „Vokabeltraining" ab Seite 101 erfahren Sie hierzu mehr.

Bild-Wörter-Plakate

Bild-Wörter-Plakate erstellen Sie, indem Sie auf einem Blatt Papier zentral z. B. einen Menschen zeichnen. Anschließend beschriften Sie jeden Teil des Körpers – Kopf, Hals, Brust, Bauch usw. – mit der entsprechenden Vokabel.

Das Erstellen von Bild-Wörter-Plakaten hat zahlreiche Vorteile:

- Sie lesen oder hören eine Vokabel nicht nur, Sie haben diese visualisiert. Ihr Gedächtnis hat somit mehr Möglichkeiten, die neue Information an bereits Vorhandenem anzuknüpfen. Diese Technik ist eine der wirkungsvollsten beim Abspeichern von Informationen.
- Durch das Beschriften der einzelnen Elemente des Bild-Wörter-Plakats üben Sie das Schreiben der Vokabel ein.
- Sie können Bild-Wörter-Plakate für alle Bereiche anfertigen. So können Sie selbst bei minimalen Sprachkenntnissen bereits das Vokabular Ihres Berufszweigs erlernen.
- Je vielfältiger Sie aktiv mit dem Wortschatz umgehen, desto leichter prägen sich neue Vokabeln ein.

Übung: Erstellen eines Bild-Wörter-Plakats

Erstellen Sie von einem Zimmer in Ihrem Haus, am Arbeits- oder Studienplatz ein Bild-Wörter-Plakat. Prägen Sie sich kurz den Inhalt des Plakats ein. Jedes Mal, wenn Sie die entsprechende Stelle im Raum betreten, fragen Sie sich selbst ab.

In den meisten Sprachen gibt es visuelle Wörterbücher, die Hunderte von Bildseiten zu den wichtigsten Alltagsthemen aufweisen.

Können Sie nicht zeichnen oder fehlt Ihnen die Zeit, sich fertige Bilder zu besorgen, um ein Bild-Wörter-Plakat zu erstellen? Möchten Sie dennoch die Technik nutzen? Dann erstellen Sie eine Vokabel-Mindmap zu den Themenbereichen.

Mindmap

Eine Mindmap hat im Vergleich zum Bild-Wörter-Plakat den Vorteil, dass sie Begriffe aufnehmen kann, die sich nicht bildlich darstellen lassen.

Mindmap

Eine Mindmap ist ein sogenanntes Assoziogramm – eine Art „Gedankenlandkarte". Bei dieser kognitiven Technik soll das Prinzip der Assoziation helfen, Gedanken frei zu entfalten und die Fähigkeiten des Gehirns zu nutzen.

Karteikästen

Eine Faustregel besagt: Damit eine Vokabel im Langzeitgedächtnis verankert bleibt, muss sie fünfmal gelernt werden.

Erwerben oder basteln Sie sich einen Karteikasten mit fünf Fächern. Die Größe der Fächer verdoppelt sich jeweils.

Das Vokabellernen mit einem Karteikasten ist unseres Erachtens die effizienteste Methode.

- Das Lernen ist motiviert, da der Erfolg unmittelbar sichtbar ist.

- Durch die Verdopplung der Fachgrößen wird die Zeitspanne zwischen den Wiederholungen immer länger. Die Vokabeln wandern automatisch ins Langzeitgedächtnis.
- Sie halten sich bei den Wiederholungen nicht mit den bereits sicher sitzenden Vokabeln auf, sondern widmen sich jeweils nur den „harten Brocken". Die Zeitersparnis ist enorm.
- Sie können nachträglich Vokabeln hinzufügen.
- Sie können die Vokabeln visuell gestalten, in Sätze rahmen, Ihrer Fantasie freien Lauf lassen. Ihr Gedächtnis wird es Ihnen danken.

Um mit diesem System Vokabeln zu lernen, notieren Sie jeweils lediglich eine Vokabel, einen Satz oder ein Bild pro Karteikarte.

Bereits das Notieren hilft, die Vokabel zu lernen.

So gehen Sie richtig mit einem Karteikasten um:

- Auf die Vorderseite der Karteikarte schreiben Sie das deutsche Wort, auf die Rückseite die Übersetzung.
- Schreiben Sie so viele Vokabeln auf, bis das erste Fach des Karteikastens voll ist.
- Anschließend nehmen Sie die erste Karte und lesen die Vokabel laut. Wenn Sie die Übersetzung wissen, kommt diese Karte ins zweite Fach. Wenn Sie die korrekte Lö-

sung allerdings nicht wissen, bleibt diese Karte als letzte Karte in Fach Nummer eins stecken.

- Erst wenn auf diese Weise nur noch drei oder vier Karten in Fach eins stecken, fertigen Sie weitere Karteikarten an. Diese kommen hinter die verbliebenen Karten von Fach Nummer eins. Wenn dieses Fach wiederum gefüllt ist, wiederholen Sie die Prozedur des Abfragens.
- Nach einiger Zeit ist Fach Nummer zwei gefüllt. Nun nehmen Sie die erste Karte dieses Fachs und lesen die Vokabel neu. Wenn Sie die richtige Übersetzung kennen, wandert die Karte in Fach Nummer drei. Wenn Sie allerdings einen Fehler machen, kommt die Karte gnadenlos zurück ins erste Fach!
- Erst wenn alle Vokabeln aus Fach Nummer fünf aus dem Karteikasten herauswandern, ist das Lernen abgeschlossen.

Vokabelhefte

Natürlich vergessen wir auch nicht den Klassiker des Vokabellernens, das Vokabelheft.

Vokabelhefte können durchaus mehr sein als eine seitenweise Anhäufung von Wörtern. Wir sind eigentlich keine Freunde des klassischen Vokabelhefts. Unserer Meinung nach überwiegen die Vorteile von Karteikästen und Vokabelplakaten um ein Vielfaches. Doch auch wir lassen die Vokabelhefte nicht außen vor. Wir nutzen sogar drei verschiedene.

Einer der wenigen Nachteile eines Karteikartensystems ist die fehlende Einteilung der Vokabeln nach Sachgebieten.

Dies wiederum geht mit einem Vokabelheft – und insbesondere dem Notfall-Vokabelheft in Loseblatt-Form – noch besser.

Vokabelhefte sind praktischer, wenn sie in Loseblatt-Form geführt werden.

!

Im ersten Vokabelheft notieren Sie – nach Themen geordnet – die häufigsten Vokabeln, die zum Zeitpunkt des Lernens vorkommen. Beschränken Sie sich hierbei nicht nur auf eine einzelne Vokabel. Gehen Sie ähnlich wie beim Bild-Wörter-Plakat vor. Handelt die erste Lektion Ihres Übungsbuchs von einer Begrüßung unter Freunden, machen Sie sich die Mühe, so viele Begrüßungsformeln wie möglich zu recherchieren, um diese dann gesammelt auf eine Seite des Vokabelhefts zu schreiben. Den zusätzlichen Zeitaufwand für diese Mühe holen Sie spätestens dann wieder auf, wenn Sie zum Sprechen übergehen.

Verschieden Begrüßungsfloskeln

Denken Sie allein an die zahlreichen lokalen Begrüßungsfloskeln in Deutschland: Servus, Moin, Gude, Tach usw. Wie schade wäre es, wenn Sie mit noch geringen Sprachkenntnissen das Land besuchen, dessen Sprache Sie gerade erlernen, und nicht verstehen, dass Sie gerade freundlich begrüßt werden, weil Sie laut Übungsbuch nur „Guten Tag" oder „Hallo" gelernt haben.

Weitere Seiten in dieser Vokabelsammlung sollten Sie mit Wörtern und Wortgruppen füllen, die ein Kind als erstes lernt. Hierzu zählen vor allem

- Zahlen,
- Farben sowie
- Wörter für die unmittelbare Umgebung: Zimmer, Möbel, Alltagsgegenstände und dergleichen.

Bleiben Sie nicht auf diesem Stand, entwickeln Sie sich weiter. So ist eine Vokabelseite mit allen Präpositionen mehr als sinnvoll.

Diese Seite legen Sie am besten optisch an, indem Sie auf einem Blatt einen Kreis zeichnen. In, am und um den Kreis herum notieren Sie die jeweiligen Präpositionen in der Sprache, die Sie gerade lernen: vor – dahinter – darüber – darunter – im – außerhalb – hinein – hinaus – drinnen – draußen.

Erlernen Sie eine weitere Sprache, können Sie diesen Kreis erneut nutzen.

Sie werden feststellen, wie einfach Ihnen die Vokabeln vorkommen, wenn Sie sie auf diese Weise gruppiert haben.

Doch damit nicht genug. Lernen Sie von Anfang an von sich aus auch die Vokabeln, die Sie für wichtig halten. Warten Sie mit dem Vokabular, das Sie in Ihrem Beruf benötigen oder das Ihre Hobbys und Interessen betrifft, nicht ab. Recherchieren Sie diese Wörter mit als Erstes. Dadurch bekommen Sie einen leichteren Zugang zu Texten, die Sie wirklich interessieren, die aber nach den klassischen Lernmethoden erst viele Monate später herangezogen werden könnten.

Hilfreich und motivierend: Spezialvokabular

Wenn Sie ein Fußballnarr sind und die Vokabeln für „Abseits", „Stürmerfoul", „Elfmeter" usw. kennen, brauchen Sie sich nur eine Zeitung oder Internetberichte über die Fußballliga in dem jeweiligen Land zu besorgen. Sie werden überrascht sein, wie schnell Sie die Artikel flüssig lesen können.

So gelangen Sie über die für Sie interessanten Vokabeln zu einem großen Wortschatz und haben noch Spaß dabei.

Lernen Sie häufig vorkommende Phrasen im Gesamten.

!

Das zweite Vokabelheft dient der Aufnahme von Phrasen. Unter „Phrasen" verstehen wir die wichtigsten Sätze, die Sie im Alltag oder in Ihrem Berufsleben mit größter Wahrscheinlichkeit benötigen werden. Hierzu zählen zum Beispiel Sätze wie „Können Sie mir bitte sagen, wo …" oder „Wie viel kostet …". Dem absoluten Fremdsprachenneuling empfehlen wir sogar, die ersten Seiten mit den gängigsten Pronomen oder Verben zu füllen. So werden schnell aus „Ich" oder „Du" sowie „trinken" oder „essen" Phrasen wie „Ich trinke Cola", „Ich trinke Kaffee", „Du isst Brot" und dergleichen. Phrasen, die schnell geläufig sind, ohne gesondert gelernt zu werden.

Einmal im Land angekommen, sollten Sie Ihr Phrasenbuch stets bei sich tragen. Gerade im dortigen Alltag werden Sie feststellen, welche Sätze Sie häufig gebrauchen, ohne dass Sie an diese vorab gedacht hatten.

Dasselbe gilt für die wichtigsten Sätze in Ihrem beruflichen Umfeld. „Welche Bemaßung muss ich hier ansetzen?" ist nicht gerade üblicher Sprachgebrauch – für einen Architekten eventuell schon.

Im Anhang dieses Buches (ab S. 119) finden Sie unsere Vorschläge der wichtigsten Sätze. Diese können Sie als Kopiervorlage nutzen und für jede einzelne Sprache, die Sie noch erlernen möchten, anwenden.

Zusätzlich empfehlen wir Ihnen, in Ihrem Phrasenbuch auch gängige Redewendungen wie „Eile mit Weile" und dergleichen mit aufzunehmen. Solche Phrasen finden Sie in den Übungsbüchern seltener, sie sind aber in der Umgangssprache häufiger in Gebrauch. Ihr Ziel soll es ja sein, flüssig mitreden zu können.

Phrasen müssen Sie nicht explizit einüben.

Sie könnten anmerken, dass wir Ihnen auf der einen Seite einen Schlüssel zum schnellen Erlernen einer Fremdsprache mit möglichst geringem Zeitaufwand anbieten, auf der anderen Seite aber offensichtlich davon ausgehen, all die Phrasen ließen sich ohne explizites Lernen aneignen.

Aber genau das ist der Fall. Es reicht vollkommen aus, wenn Sie Ihr Phrasenbuch regelmäßig durchlesen – lesen, nicht lernen. Sie werden bei korrekter Anwendung all Ihrer Übungsmaterialien feststellen, wie schnell sich der soeben noch unbekannte Satz bereits in Ihrem Sprachgefüge gefestigt hat.

Ein Satz im Phrasenbuch

Sie schreiben in Ihr Phrasenbuch: „Um wie viel Uhr geht der Bus Richtung Innenstadt." Durch das häufigere Durchlesen ist er Ihrem Gedächtnis geläufig, wenn auch vielleicht nur unbewusst. Im gleichen Zeitraum haben Sie in Ihrem Übungsbuch folgenden Satz gelesen: „Können Sie mir sagen, wann der Zug nach Frankfurt geht?" Unser Gehirn ist so angelegt, dass es den neuen Satz mit bereits bekannten Mustern vergleicht und somit die Frage nach dem Bus findet. Es erkennt die ähnlichen Strukturen, das doppelte Vokabular und speichert ohne Ihr Zutun beide Sätze im Gedächtnis ab.

Lesen Sie Ihr Phrasenbuch öfter durch, werden Sie bei immer weniger Sätzen ins Stocken geraten. Nach und nach und so ganz nebenbei werden Ihnen die wichtigsten Sätze in der Fremdsprache geläufig.

Post-its, Bild-Wörter-Plakate oder Mindmaps können auch für Phrasen nützlich sein.

Phrasen haben bei unserer Methode eine besondere Rolle. Dennoch sollten Sie in der Handhabung gegenüber den Vokabeln keine Unterschiede machen.

Teilen Sie auch Phrasen thematisch ein. Fertigen Sie entsprechende Bild-Wörter-Plakate oder Mindmaps. Auch Post-its können mit Phrasen versehen werden. Kleben Sie zum Beispiel ein Post-it „Beim Runterfahren des Computers darauf achten, dass der Drucker ausgeschaltet werden muss" an Ihren Bildschirm. Das vermehrt Ihr Vokabular und unterstützt Ihr Sprachgefühl.

Auf den Punkt gebracht

- Kleben Sie Post-its auf Alltagsgegenstände.
- Post-its sollten nicht nur das Wort, sondern ein bis zwei Sätze damit enthalten.
- Bild-Wörter-Plakate oder Mindmaps dienen dem Vokabellernen so ganz nebenbei.
- Beim Vokabellernen sind Karteikästen dem klassischen Vokabelheft überlegen.
- Verwenden Sie dennoch zwei Vokabelhefte: ein themenorientiertes und ein Phrasenheft.
- Zusätzlich sollte ein Notfall-Vokabelheft in Loseblatt-Form geführt werden.
- Post-its, Bild-Wörter-Plakate und Mindmaps können auch für Phrasen nützlich sein.

Der Zeitplan

Im Kapitel „Vorbereitung" ab Seite 25 haben wir Ihnen erläutert, dass die Planung jedes Lernens mit der eigenen Zieldefinition beginnt. Wir gehen davon aus, dass Sie sich sowohl die kurzfristigen als auch das Langzeitziel im realistischen Rahmen gesteckt haben.

Die eigentliche Planung heißt bei unserer Methode nicht: „Ich muss jeden Tag eine Stunde lernen." Unsere vorgeschlagene Planung richtet sich nach Ihrem Tagesablauf sowie nach den Vorgaben, die die einzelnen Lernmaterialien mit sich bringen.

Passives Hören – lassen Sie sich berieseln

Ein Credo unserer Methode heißt: Es sollte möglichst wenig zusätzlicher Zeitaufwand nötig sein, um die Fremdsprache zu erlernen. Dies bedeutet, dass viele Übungen parallel zum eigentlichen Tagesablauf stattfinden können.

Dies erreichen wir, indem wir möglichst viel der Lernarbeit im Unterbewusstsein absolvieren – in Momenten, in denen wir quasi „lernen lassen".

Lernen lassen? Ja, von unserer rechten Gehirnhälfte.

Permanente „Berieselung" in der fremden Sprache

Mit der heutigen Technik stellt es überhaupt kein Problem mehr dar, den ganzen Tag über einen Aufenthalt im Ausland zu simulieren. Wir lassen zum Beispiel sowohl im Büro als auch in unserer Wohnung via Internet-Radio permanent einen Sender in der zu lernenden Sprache im Hintergrund laufen. Bewegen wir uns außerhalb dieser Räume, hören wir über unseren iPod fremdsprachige Hörbücher – ebenfalls nur im Hintergrund. So aktiveren wir die rechte Gehirnhälfte und lassen lernen.

Zum Aktivieren der rechten Gehirnhälfte ist es unbedingt vonnöten, die fremden Laute ausschließlich im Hintergrund zu halten. Achten Sie auf alle Fälle darauf, dass Sie die Lautstärke so regulieren, dass Sie nicht von Ihren eigentlichen Tätigkeiten abgelenkt werden. Je weniger Sie bewusst hören, desto effizienter ist das Lernen über das passive Hören.

Scheuen Sie sich nicht, sich den ganzen Tag in der Fremdsprache Ihrer Wahl berieseln zu lassen. Schon nach wenigen Minuten werden Sie die Berieselung gar nicht mehr wahrnehmen. Ihr Gehirn ist es gewohnt, sich auf das Wesentliche zu konzentrieren und das vermeintlich Unwesentliche aus Ihrem Bewusstsein auszublenden. Ihr Unterbewusstsein hingegen bekommt fast alles mit. Sonst würden Sie zum Beispiel beim Autofahren nicht in der Lage sein, gleichzeitig Verkehrsschilder zu lesen, Radio zu hören oder sich mit dem Beifahrer zu unterhalten. Ist Ihnen schon einmal aufgefallen, dass Sie sich meistens nicht an die Lieder erinnern können, die Sie während Ihrer letzten Autofahrt gehört haben? Anders ist dies, wenn Sie ein Lied bewusst hören. Dann können Sie aber nicht mehr sagen, welche Verkehrsschilder Sie gerade am Straßenrand gesehen haben.

Auf keinen Fall sollen Sie die fremdsprachigen Texte bewusst anhören. Was ja auch bedeuten würde, dass Sie sich Zeit zum Zuhören nehmen würden – Zeit, die oft nicht vorhanden ist.

Dieses unbewusste Hören spart aber nicht nur Zeit, sondern zwingt Ihr Gehirn, parallel zu arbeiten – was dem natürlichen Lernprozess des Gehirns entgegenkommt. Spätestens wenn Sie die ersten Sätze in der Sprache, die Sie gerade lernen, sprechen, werden Sie merken, wie viel Ihr Gehirn ganz ohne Ihr Zutun oder ohne zusätzlichen Zeitaufwand bereits abgespeichert hat.

Lernen mit beiden Gehirnhälften

Nur einige Regionen unseres Gehirns sind symmetrisch. Hierzu zählen unter anderem die Verarbeitung von Sinneseindrücken sowie die willkürliche Steuerung von Körperbewegungen. Viele wichtige Funktionen und Fähigkeiten sind jedoch asymmetrisch, somit nur oder überwiegend einer Gehirnhälfte zugeordnet. Die linke Gehirnhälfte denkt logisch, analytisch, in Sprache und festgelegten Strukturen und erkennt und ordnet Einzelheiten, um für die handlungsorientierte Umsetzung zu sorgen, während die rechte Gehirnhälfte unmittelbar in Bildern, Zusammenhängen, Gefühlen, mit Fantasie, Kreativität und Intuition ganzheitlich denkt.

Um optimal lernen zu können, sollten wir unsere beiden Gehirnhälften zusammen aktivieren und nutzen.

In der westlichen Welt wird in der Schule in der Regel die linke Gehirnhälfte viel stärker gefordert als die rechte. Da nur das ergänzende Zusammenspiel beider Gehirnhälften zu wirklichen Lernerfolgen führt, beim Erlernen einer Fremdsprache aber überwiegend die linke Gehirnhälfte aktiv ist, müssen wir die rechte entsprechend aktivieren.

Beim passiven Hören speichert die rechte Gehirnhälfte das Wesentliche ohne unser Zutun ab.

Wir lassen lernen, indem wir wieder Kinder nachahmen. Ein Grund, warum Kinder so schnell ihre Sprache erlernen, ist, dass sie durch ihr Umfeld permanent mit ihr konfrontiert sind – auch wenn sie noch kein Wort verstehen, auch wenn sie nicht bewusst in den Fernseher schauen oder der Radiosendung folgen.

Passives Hören fördert korrekte Aussprache

Optimal wäre es, wenn Sie tage-, gar wochenlang fremdsprachige Texte passiv hören könnten, bevor Sie auch nur das erste Wort selbst aussprechen. Dann hätte sich Ihr Gehirn auf den richtigen Klang eingestellt. Leider ist dies meist eine Wunschvorstellung, mit Ausnahme der wenigen Fälle, in denen Sie eine Sprache erlernen möchten, von der Sie wirklich noch nie einen Laut gehört haben und entsprechend unvoreingenommen sind.

Auf alle Fälle wirkt es einer falschen Aussprache entgegen, wenn Sie die fremde Sprache mehrere Stunden täglich passiv hören – und das über Tage hinweg. Lehrer sind oft keine Muttersprachler und haben dementsprechend auch meist keine akzentfreie Aussprache. Und im Selbststudium gelingt es Ihnen vermutlich auch nicht auf Anhieb, alle Laute korrekt auszusprechen.

Weiterhin speichert Ihre rechte Gehirnhälfte beim passiven Hören die natürliche Sprachmelodie ab, was Ihnen eine korrekte Aussprache einzelner Wörter und Laute erheblich erleichtern wird.

Haben Sie über das passive Hören die Sprachmelodie im Ganzen abgespeichert, wird man Sie im Ausland verstehen, auch wenn nicht jeder Laut korrekt klingt. Umgekehrt werden Sie Verständigungsschwierigkeiten haben, wenn Sie zwar jeden Laut perfekt aussprechen, dafür aber die Satzmelodie so falsch auslegen, dass Ihr Gegenüber den Satzbau nicht erkennen kann.

Tagespläne: jeden Tag einen Schritt weiter

Auch wenn vieles bereits über das unterbewusste Lernen geschieht, kommen wir nicht darum herum, auch aktiv zu werden.

Betrachten Sie das passive Hören nicht isoliert. Es sollte möglichst rund um die Uhr parallel zu Ihrem Alltag und zu den Tagesplänen zum Erlernen der Fremdsprache stattfinden.

Nach und nach werden Sie in die Tagespläne all das Material, das Sie in möglichst großer Vielfalt parat haben sollten, einsetzen. Die Ausspracheregeln sollten Sie zu diesem Zeitpunkt bereits beherrschen.

Optimal wäre es, wenn Sie bereits vor dem ersten Tag des aktiven Lernens Stunden des passiven Zuhörens und die erste Welle, also das reine Durchlesen der Lektionen, zumindest teilweise hinter sich gebracht haben. Ab jetzt laufen aktives und passives Lernen parallel.

1. Tag

Am ersten Tag können Sie sich bei Bedarf noch einmal mit den Ausspracheregeln auseinandersetzen. Diese sind aus zwei Gründen so wichtig:

- Sie können so eher die Texte verstehen, denen Sie aktiv zuhören.
- Sie kommen gerade im Selbststudium von Anfang an der korrekten Aussprache nahe.

Jetzt nehmen Sie sich all Ihre Übungsbücher vor und lesen jeweils die komplette erste Lektion. Lesen Sie laut. Schon hier zeigt sich der Nutzen der korrekten Aussprache.

Je nach dem, wie weit Sie mit der ersten Welle fortgeschritten sind, werden Sie feststellen, dass Sie schon viele Vokabeln und Ausdrücke verstehen. Auch die Grammatikübungen fallen Ihnen sicher nicht schwer.

Falls doch: Machen Sie sich einen Vermerk – direkt ins Übungsbuch hinein. Sind Sie einige Lektionen weiter und blättern nochmals zu diesem Text zurück, hat sich das Problem in den meisten Fällen schon von allein gelöst. Erst wenn das Problem jetzt noch nicht geklärt ist, ist das klassische Lernen gefragt. Schlagen Sie im Wörterbuch oder im Grammatikteil des Übungsbuchs nach.

Nach der Lesephase – die Länge der einzelnen Übungsphase bestimmen Sie selbst – gehen Sie den Text noch einmal durch. Dieses Mal machen Sie sich Notizen in Ihre Arbeits- und Vokabelhefte.

Achten Sie jetzt bereits auf die Einteilung Ihrer Vokabeln in Themengebiete. Entscheiden Sie jetzt schon, ob es sich um eine Vokabel oder um eine Phrase handelt. Sind Sie sich unsicher, schreiben Sie die Wörter in all Ihre Vokabelhefte.

Das Herausschreiben der Wörter kostet nicht viel Zeit, denn durch das Lesen während der ersten Welle sind Ihnen schon sehr viele Vokabeln und Grammatikregeln geläufig. Möchten Sie allerdings die Sprache auch korrekt schreiben können, sollten Sie diesen Schritt auf keinen Fall umgehen.

Schreiben Sie sich die Vokabeln auf Post-its oder Bild-Wörter-Plakate und geben Sie sich so die Möglichkeit, Ihren Wortschatz auch außerhalb der bewussten Lernzeit aktiv zu erweitern.

Ist Ihre selbst bestimmte Übungseinheit vorbei, können Sie – wenn Sie die Post-its und Bild-Wörter-Plakate geschickt platziert haben – den restlichen Tag noch beim Wechseln des Zimmers, beim Nachdenken usw. Vokabeln aufnehmen. Ohne Zeitaufwand.

> Denken Sie immer daran: Sie sind Ihr eigener Lehrer. Sie bestimmen Ihr Tempo. Sie bestimmen Ihre Methoden.

!

Zum Abschluss machen Sie noch die Grammatikübungen und hören sich die CDs an, die die Übungstexte beinhalten. Hören Sie diese öfter. Achten Sie ganz genau auf die Aussprache. Versuchen Sie, jeden Satz möglichst oft mitzusprechen. Damit erreichen Sie, dass Sie, wenn Sie das aktive Üben beendet haben, immer wieder bestimmte Phrasen oder Vokabeln vor sich hin murmeln können. Wird dies noch mit einem Blick auf die Post-its oder Bild-Wörter-Plakate unterstützt, lernen Sie mehrere Stunden, obwohl Sie sich nur wenige Minuten zum Lernen Zeit genommen hatten.

Nicht zu vergessen sind die vielen Stunden, bei denen Sie unterbewusst berieselt werden, weil stets ein Radiosender oder ein Hörbuch läuft.

Haben Sie Ihre aktive Übungseinheit beendet, lesen Sie noch ganz entspannt – und passiv – die nächste Lektion der ersten Welle.

2. bis 4. Tag

Den zweiten Tag beginnen Sie unbedingt mit dem Wiederholen der Lektion des vergangenen Tages. Unser Gehirn benötigt bestimmte Wiederholungsphasen um den Lernstoff zu festigen und vom Kurz- ins Langzeitgedächtnis zu bringen. Außerdem steigt Ihre Motivation zum Lernen.

Zur Wiederholung reicht es völlig aus, noch einmal die Texte, die Sie am Vortag aktiv durchgearbeitet haben, konzentriert zu lesen. Sind keine neuen Unklarheiten aufgetaucht, gehen Sie in allen Übungsbüchern zur nächsten Lektion über. Vielleicht hat sich während der Wiederholung schon eine Unklarheit vom Vortag von selbst aufgelöst. Wenn nicht, lassen Sie diese noch offen.

Ansonsten gehen Sie genauso vor, wie am ersten Tag. Ergänzen Sie Ihre Bild-Wörter-Plakate. Die meisten Übungsbücher sind so aufgebaut, dass sie gerade in den ersten Lektionen ein eigenes Thema behandeln. Wahrscheinlich werden Sie deshalb neue Bild-Wörter-Plakate erstellen müssen, anstatt nur die bestehenden zu ergänzen.

Denken Sie immer daran, dass Sie mit jedem einzelnen Bild-Wörter-Plakat Ihrem Gehirn die Chance geben, unterbewusst neue Vokabeln und Phrasen aufzunehmen. Stöhnen Sie nicht, schon wieder ein Plakat beginnen zu müssen – freuen Sie sich. Das meiste, was Sie hier einmalig aufschreiben, brauchen Sie nicht gesondert zu lernen. Sie lassen lernen.

Machen Sie nun die Grammatikübungen und lesen Sie zum Schluss noch die nächste Lektion der ersten Welle.

5. und 6. Tag

Auch diese Tage beginnen mit Wiederholungen der bisher geleisteten Lernarbeit sowie dem Angehen weiterer Lektionen in den Übungsbüchern. Den Abschluss der Übungseinheit bilden weiterhin das Hören der CDs und das passive Lesen einer weiteren Lektion.

Die Arbeit an Post-its, Bild-Wörter-Plakaten und die Einträge in Ihren Vokabelheften hingegen werden ab sofort anspruchsvoller.

Post-its

Bisher sollten auf Ihren Post-its kurze, leicht einprägsame Sätze mit einer Hauptvokabel stehen. Der Sinn bestand darin, diese Sätze immer, wenn Sie an einem der Zettel vorbeilaufen, zumindest unterbewusst wahrzunehmen oder gar bewusst zu lesen und den Text einige Zeit vor sich hin zu murmeln.

Schreiben Sie ab sofort längere, ruhig auch verschachtelte Sätze. Sie sollten gerade so lang sein, dass Sie sich schon bewusst wenige Augenblicke mit dem Inhalt beschäftigen müssen, bevor Sie in der Lage sind, diesen Satz selbstständig (ohne zu Spicken) zu wiederholen.

Hilfreich sind hier durchaus auch kleine Gedichte oder ein Witz.

Mögen Sie es noch anspruchsvoller, so schreiben Sie hoch literarische Sätze nieder. Hier ist – wie im Deutschen auch – der Satzbau oder die Wortwahl manchmal sehr geschwollen. Das hilft Ihnen im Alltag weniger, fördert aber den Zugang zur Sprache im Allgemeinen.

Bild-Wörter-Plakate und Mindmaps

Ihre Bild-Wörter-Plakate sollten ab sofort anspruchsvoller werden. Hatten Sie bisher lediglich Plakate mit Themen wie „Mensch“, „Auto“ oder „Gemüsetheke“ an geeigneten Plätzen in Ihrem Umfeld hängen, kommen jetzt fachspezifische Plakate oder welche mit eher seltenem Vokabular hinzu.

Zudem sollten zunehmend Mindmaps die Stelle der Bild-Wörter-Plakate einnehmen. Sie sind bereits so sehr mit der Fremdsprache vertraut, dass die Bilder auf Ihr Gehirn nicht mehr die Wirkung haben wie zu Beginn des Sprachkurses.

Mindmap „Auto"

Eine Mindmap könnte beispielsweise im Hauptast das Wort oder Bild „Auto" haben und in den untergeordneten Ästen Sätze zum Thema beinhalten: „Ich bremse auch für Tiere" oder „Mein Auto beschleunigt von null auf 100 in 7,1 Sekunden" und Ähnliches. Optimal sind Sätze, die Sie auch wirklich im Alltag nutzen werden.

Vokabelhefte

Die Vokabelhefte führen Sie so weiter wie bisher. Hinzu kommt, dass Sie sich nun bewusst ähnliche Sätze notieren, die Sie dann im Alltag so oft wie möglich für sich wiederholen.

Vokabelhefteinträge

Ihre Notizen könnten z. B. folgende Sätze enthalten:

- *„Ich gehe einkaufen."*
- *„Ich werde die Einkäufe erledigen."*
- *„Du wirst dich um die Einkäufe kümmern müssen."*
- *„Er ging shoppen."*
- *„Meine Frau geht bummeln."*

Der Fantasie sind keine Grenzen gesetzt. Den Wechsel der Zeiten und Pronomen haben wir bewusst genommen.

Wenn Sie sich diese Sätze durch permanentes Wiederholen im Alltag einmal eingeprägt haben, fällt es Ihnen leicht, Sätze wie

- „Ich gehe schwimmen",
- „Ich werde zum Schwimmbad gehen",
- „Du wirst dich um den Schwimmunterricht kümmern müssen",
- „Er ging planschen" oder
- „Meine Frau geht baden"

ohne Zögern und langer Wortsucherei zu bilden.

7. Tag

Den siebten Tag genießen Sie. Eine neue Sprache zu erlernen sollte in erster Linie Spaß machen, egal aus welchem Grund Sie lernen.

Zu Beginn dieses Tages lesen Sie einfach noch einmal all das durch, was Sie bisher durchgearbeitet haben. Machen Sie sich keine detaillierten Gedanken um einzelne Punkte. Verhalten Sie sich so, als würden Sie einen Roman lesen. Dazu hören Sie Musik in der Zielsprache, sehen sich einen Film an oder gehen etwas intensiver Ihre Lieblingszeitschrift, ein Witzbuch oder ein Gedicht an.

Wichtig ist, dass Sie sich zwar möglichst rund um die Uhr mit der Zielsprache beschäftigen, dabei aber auch Ihren Spaß haben.

Sollte es Ihnen wie uns gehen, dass Sie den „freien Tag" nicht richtig genießen können, weil Sie lieber weiterlernen möchten, schlagen wir Ihnen einen Kompromiss vor:

Nehmen Sie sich an diesem Tag wirklich nicht die nächsten Lektionen vor. Ihr Gehirn braucht eine Pause. Beginnen Sie lieber mit dem Schreiben in der Fremdsprache – auch wenn Sie sich bei der Zielsetzung dafür entschieden haben, die Fremdsprache lediglich sprechen und lesen zu wollen.

Bestimmt haben Sie beim Lesen des bisher erarbeiteten Materials an der einen oder anderen Stelle gestockt. Gehen Sie zurück zu dieser Stelle und schreiben Sie diese ab. Das ist mehr als nur eine sinnvolle Wiederholung: Das ist ein weiterer Zugang zur Fremdsprache.

2. bis 4. Woche

Auch in der zweiten Woche beginnen Sie jeden Tag mit einer Wiederholungsphase. Anschließend arbeiten Sie die nächsten Lektionen Ihrer Übungsbücher durch.

Wir gehen davon aus, dass Sie die Methode „Schnell Sprachen lernen" deshalb anwenden, weil Sie in möglichst kurzer Zeit eine Fremdsprache beherrschen müssen oder wollen. Sollten Sie – ähnlich wie wir – täglich mehr als eine Lektion in Ihren Übungsbüchern durchgearbeitet und die erste Welle beendet haben, können Sie jetzt bereits mit einer Wiederholungsphase zur Festigung beginnen. Das bedeutet, dass Sie ab sofort nicht nur weitere Lektionen lesen, sondern zum Abschluss der kompletten Lerneinheit an den Beginn Ihrer Übungsbücher zurückgehen, um diese Seiten nochmals durchzuarbeiten.

Sie werden erfreut feststellen, wie wenig Mühe Ihnen diese Übungen plötzlich bereiten.

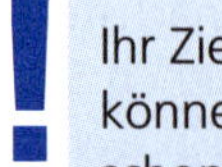

Ihr Ziel, möglichst schnell mit der Sprache umgehen zu können, erreichen Sie noch schneller, wenn Sie sich schon in der zweiten Woche immer mal wieder zum Vokabellernen hinsetzen.

Im Kapitel „Vokabeltraining" ab Seite 101 geben wir Ihnen noch einige interessante Tipps, die Ihnen das Lernen erleichtern werden.

Wichtig ist, dass Sie immer wieder alles, was Sie in Ihrer Fremdsprache lesen, laut lesen.

Die zweite Woche ist ein guter Start, um sich neben den Übungsbüchern und deren Dialogen auch leicht verständlichen Büchern zu widmen. Dazu ist es keinesfalls zu früh. Haben Sie sich bisher an alle Tipps gehalten, werden Sie sich zumindest in der Jugendliteratur so gut zurechtfinden, dass Sie dem Buch inhaltlich voll und ganz folgen können. Dafür ist es auch gar nicht nötig, jedes Wort zu verstehen.

Sobald Sie das Gefühl haben, das gewählte Buch ebenso leicht zu verarbeiten wie die Übungslektionen in Ihren Heften, steigern Sie selbst Ihren Schwierigkeitsgrad:

- Wagen Sie sich an leicht zu lesende Bücher, die nicht mehr zur Jugendliteratur gezählt werden. Das könnte zum Beispiel ein Buch sein, das Sie bereits auf Deutsch gelesen haben. Zu langweilig? Der Buchhändler Ihres Vertrauens hat bestimmt einen Tipp parat.
- Wagen Sie sich an Tageszeitungen heran. Deren Schreibstil ist meist schwieriger als der literarische. Da Sie aber die Meldungen aus den deutschen Nachrichten

schon kennen, sehen wir kein Problem darin, zu diesem Zeitpunkt schon solche Texte anzugehen.

- Dasselbe gilt im Übrigen auch für Filme. Haben Sie diese bisher immer mit Untertiteln gesehen, trauen Sie sich, jedes Mal ein paar Minuten mehr ohne diese Hilfe auszukommen.

Ab der 5. Woche

Sie arbeiten weiterhin wie bisher:

- Wiederholungsphase
- Neue Lektionen in den Übungsbüchern
- Lesen der Übungsbücher von Anfang an
- Permanentes Hören fremdsprachiger Texte
- Bewusstes Lesen von Literatur, die Sie interessiert
- Bewusstes Lernen von Vokabeln, Phrasen, Witzen, Gedichten und Kurzgeschichten

In der fünften Woche werden Sie die erste Welle mit großer Wahrscheinlichkeit beendet haben und können sich nun komplett dem aktiven Lernen und dem Wiederholen widmen.

Spätestens jetzt erkennen Sie einen weiteren großen Vorteil unserer Methode: Waren Sie es aus der Schulzeit noch gewohnt, mehr Zeit damit zu verbringen, die Erläuterungen zur Grammatik erst einmal zu verstehen, als sie tatsächlich anzuwenden, werden Sie jetzt kaum noch Mühe haben.

> **!** Zu diesem Zeitpunkt haben Sie bereits so viel in der Fremdsprache gehört und so viele Texte gelesen, dass Sie – wie ein Kind – automatisch die richtigen Grammatikregeln anwenden. Die Übungen werden Ihnen lächerlich einfach vorkommen.

Natürlich wird Ihnen dennoch der eine oder andere Fehler unterlaufen. Als Kind haben Sie vielleicht auch noch „gesprecht". Aber das gibt sich erfahrungsgemäß im Laufe der Zeit.

Von Kapitel zu Kapitel werden die Grammatikübungen schwerer. Da Sie aber parallel in Ihren Übungsbüchern weiterarbeiten, wird Ihnen das kaum auffallen. Die wenigen Stellen, die jetzt noch unklar sind, können Sie mit den Tipps und Tricks, die wir im Kapitel „Grammatiktraining" (S. 113) aufzeigen, locker meistern.

Fremdsprachig denken und träumen

Fünf oder sechs Wochen haben Sie intensiv an der neuen Fremdsprache gearbeitet. Da sich der passive Wortschatz zwangsläufig schneller entwickelt als der aktive, sind Sie bereits in der Lage, den Großteil der gesprochenen Wörter im Zielland zu verstehen. Haben Sie sich stets an unsere Empfehlungen gehalten, werden Sie sich in den meisten Alltags- und in zahlreichen beruflichen Situationen gut verständigen können.

Der erste Schritt, eine Fremdsprache zu verstehen, ist vollzogen. Nun kommt der zweite: in der Fremdsprache sprechen, denken und träumen.

Das wird Ihnen in der kurzen Zeit bei aller Intensität noch nicht oder allenfalls ansatzweise gelingen. Um das zu erreichen, müssten Sie schon einige Zeit im Zielland verbringen. Ist das noch nicht möglich, simulieren Sie einen Tag im Ausland.

Simulieren Sie einen Auslandsaufenthalt

Zum jetzigen Zeitpunkt beherrschen Sie die neue Sprache so umfassend, dass Ihnen Ihre täglichen Fortschritte kleiner vorkommen. Das sollte für Sie jedoch kein Grund sein, Ihre Motivation zu verlieren – im Gegenteil: Machen Sie sich einmal bewusst, wie viel Sie bereits erreicht haben!

Wenn Sie Ihre Kenntnisse erproben und verfeinern möchten, bietet sich ein Aufenthalt im Zielland an. Haben Sie dazu keine Zeit, geht es auch anders: Simulieren Sie einfach einen Tag im Ausland.

Ein richtig durchgeführter simulierter Auslandsaufenthalt ist unseres Erachtens sogar effektiver als ein tatsächlicher Auslandsaufenthalt. Sie bestimmen die Regeln. Sie simulieren. Im Ausland kann es Ihnen leicht passieren, dass Sie auf Menschen treffen, die Ihnen entgegenkommen, indem sie versuchen, mit Ihnen Deutsch zu sprechen, und Sie – wider besseres Wissen – darauf eingehen.

Gehen Sie die Simulation hingegen richtig an, werden Sie einen Tag ausschließlich die Fremdsprache hören, die Sie lernen. Nach wenigen Stunden werden Sie in der Sprache denken, wahrscheinlich in der Nacht in der Sprache träumen.

Steigerung Ihrer Konzentration

Einen nicht zu unterschätzenden Aspekt beim Lernen im Allgemeinen stellt Ihre Fähigkeit dar, sich darauf zu konzentrieren. Insbesondere wenn unser Gehirn völlig neue Informationen wie zum Beispiel fremd klingende Laute oder eine ungewohnte grammatische Struktur zu verarbeiten hat, ermüden wir recht schnell.

Bedingt durch den Aufbau unseres Gehirns liegt es in der Natur der Sache, dass wir immer leichter lernen, je mehr wir zu diesem Thema schon wissen. Von Übungsstunde zu Übungsstunde werden auch Sie weniger ermüden und konzentrierter vorgehen können. Dieser Prozess ist schleichend. Nach einem simulierten Tag im Ausland erfahren Sie auch in dieser Hinsicht einen Leistungsschub.

Ihr Gehirn richtet sich auf die Situation, sich den ganzen Tag ausschließlich mit der Fremdsprache zu befassen, ein: Lernen Sie im Alltag nur wenige Augenblicke, so konzentriert sich Ihr Gehirn soweit es geht darauf und blendet in dieser Zeit vieles um Sie herum aus. Lernen Sie etwas länger, ermüdet es. Empfängt es dagegen nur noch Fremdsprachliches, empfindet es dies als normal. Hören Sie an solch einem Tag Nachrichten, bekommt Ihr Gehirn dies auf die Art und Weise mit, wie es auch die deutschen Nachrichten aufnehmen würde: nebenbei.

Die Simulation vorbereiten

Schon beim Aufstehen sollten Sie das Gefühl haben, sich im Zielland zu befinden. Beginnen Sie den Tag erst „auf Deutsch“, wird es schwierig sein, einen Strich zu ziehen.

Alles muss parat sein, wenn Sie die Augen öffnen:

- Internetradio und/oder Audio-CDs

Beides lässt sich als Wecker verwenden. Ihrer inneren Einstellung zu dem Tag hilft es ungemein, wenn dieser quasi „vor dem Wecken“ beginnt.

Kurz vor dem Einschlafen sowie in der ersten Schlafphase verarbeitet Ihr Gehirn noch einmal das Tagesgeschehen. Unterstützen Sie es, indem Sie mit einem fremdsprachigen Hörbuch im Ohr den Tag ausklingen lassen. Optimal ist es, wenn die CD noch läuft, während Sie schon eingeschlafen sind.

- Lesematerial

Hier können Sie die Zeitschriften, Bücher, Übungsbücher usw. nutzen, mit denen Sie auch die täglichen Übungen absolvieren. Wir empfehlen, an dem Tag Neues zu lesen. Das verstärkt noch einmal die Wirkung der Simulation.

- Filme

Die Simulation muss nicht am Nachmittag enden. Ziehen Sie sie durch, bis Ihnen am späten Abend die Augen zufallen. Gönnen Sie sich vor dem Schlafengehen einen Fernsehabend, natürlich mit einem fremdsprachigen Film.

- Musik

Auch wenn wir in Deutschland selten Radiosender hören, die ausschließlich deutsche Musik spielen, sollte dies während Ihres „Auslandsaufenthalts" anders sein. Achten Sie darauf, dass Sie den ganzen Tag Lieder in der Zielsprache zu hören bekommen. Je weniger Klänge Sie hören, die nichts mit der Sprache zu tun haben, die Sie lernen, desto effektiver wird die Simulation verlaufen.

Bei der Auswahl der Musik sollten Kinder- oder volkstümliche Lieder vertreten sein. Lieder, die Sie mitsingen können.

- Einkaufszettel

Wir gehören nicht zu den Menschen, die im Ausland Rippchen und Kraut bestellen. Wir essen landestypisch. Das ist auch bei einer Simulation möglich.

Zunächst besorgen Sie sich Rezepte, die – wenn möglich – in der Zielsprache verfasst sind. Beim Erstellen des kulinarischen Tagesplans versuchen Sie schon, in der fremden Sprache zu denken. Zumindest die Vokabeln für „Zwiebeln", „Gemüsebrühe" und dergleichen sollten Sie sich bei dieser Gelegenheit aneignen.

Steht der Speiseplan, kaufen Sie ein. Im Geschäft ist der geeignete Zeitpunkt, die Vokabeln zu den Gerichten zu wiederholen.

Viel Spaß im Ausland

Die Vorbereitungen sind abgeschlossen. Freuen Sie sich auf den nächsten Tag. Er wird Ihre Fremdsprachenkenntnisse ein großes Stück voranbringen.

Wenn Sie eine solche Simulation gern durchführen würden, sich aber nicht einen ganzen Tag Zeit dafür nehmen können, versuchen Sie es mit einem halben Tag. Leichter ist so ein halber Tag, wenn er vormittags stattfindet. Aus unserer Erfahrung heraus wissen wir, dass es schwerfällt, von einer Minute auf die andere nur noch in der Fremdsprache zu leben.

Nutzen Sie Zeitfallen

„Schnell Sprachen lernen" hilft Ihnen, ohne großen zusätzlichen Zeitaufwand praktisch jede Fremdsprache dieser Welt in kürzester Zeit zu erlernen. Damit meinen wir, dass Sie sich selten für einen längeren Zeitraum hinsetzen müssen, um zu büffeln.

Dies funktioniert aber nur, wenn Sie die täglichen Zeitfallen, denen Sie garantiert ausgesetzt sind, für Ihr Projekt „Fremdsprache" nutzen.

Täglich verlieren Sie Zeit; manchmal ein paar Minuten, ein anderes Mal etwas mehr. Auf den Tag hochgerechnet kommt da mehr zusammen, als Sie sich eingestehen. Wie oft warten Sie auf einen Zug, einen Bus, einen Gesprächspartner? Wie oft stehen Sie irgendwo an: in der Kantine, im Supermarkt, vor dem Fahrstuhl? Wie oft sitzen Sie am Telefon und warten, bis Sie verbunden werden? Wie viele Stunden verbringen Sie im Auto, in der Bahn oder im Flugzeug? Wie lange stehen Sie morgens im Bad, sind mit Rasieren und dergleichen beschäftigt? Wie viel Zeit verbringen Sie im Haushalt mit Routinearbeiten wie Waschen oder Bügeln? Die Liste ließe sich endlos weiterführen.

Diese Zeit nutzen wir bei unserer Sprachlernmethode voll aus – für die wichtigen Wiederholungen.

In dem Moment, in dem Sie Zeit verschwenden würden, holen Sie Ihre Karteikarten oder Ihr Phrasenbuch hervor. Auch ein Text, den Sie in diesen Augenblicken lesen – wenn möglich laut –, füllt die ansonsten verlorene Zeit sinnvoll aus.

Optimal wäre es, wenn Sie zusätzlich in diesen Momenten die Fremdsprache im Ohr hätten. Bei vielen Zeitfallen ist es durchaus möglich, sich nebenbei bewusst oder wenigstens im Hintergrund etwas in der Fremdsprache anzuhören.

Ist die Zeitspanne recht kurz, weil Sie zum Beispiel an der Kasse als Nächster an der Reihe wären, so sprechen Sie wenigstens für sich ein paar Sätze in der Zielsprache. Ausnahmsweise kann das auch mal „nur“ in Ihren Gedanken geschehen.

Zeit zu verlieren können Sie sich nicht leisten – und das gilt nicht nur für das Lernen einer Fremdsprache. Alle Hirnaktivitäten sind besser, als es brachliegen zu lassen.

Auf den Punkt gebracht

- Die Planung richtet sich nach Ihrem Tagesablauf sowie Ihrer Zielsetzung.
- Passives Hören funktioniert in jeder Situation.
- Passives Hören fördert das Sprachgefühl und die Aussprache.
- Simulieren Sie einen Auslandsaufenthalt.
- Nutzen Sie Zeitfallen.

Vokabeltraining

In diesem Buch haben wir immer wieder betont, dass Sie kaum zusätzliche Zeit benötigen, um Vokabeln zu lernen. Den größten Wortschatz eignen Sie sich nebenbei an.

Für ein eigenes Kapitel „Vokabeltraining" haben wir uns aus drei Gründen entschieden:

- Sollten Sie sich trotz der Anwendung unseres Schlüssels dennoch zusätzliche Zeit zum Vokabellernen nehmen, baut sich Ihr Wortschatz natürlich noch schneller auf.
- Müssen Sie die Fremdsprache aus beruflichen Gründen lernen, müssen Sie sich eventuell einen großen Wortschatz an Fachbegriffen aneignen. Dasselbe gilt für spezielle Hobbys und Interessen, bei denen Sie sich international austauschen möchten.
- Gerade die sonst verlorene Zeit am Tag eignet sich für Wiederholungen oder zum Vokabellernen.

Die folgenden Tipps und Tricks helfen Ihnen, das eigentliche Vokabellernen leichter und vor allem effizienter anzugehen.

Grundsätzliches zum Vokabellernen

Auch beim Lernen von Vokabeln gilt:

> Achten Sie darauf, dass sich Ihr Gehirn beim Lernen nicht langweilt. **!**

Langeweile wäre kontraproduktiv. Vokabeln nur aus den Übungsbüchern ins Vokabelheft oder auf Karteikarten zu übertragen, um sie dann stupide zu lernen, verdirbt Ihnen alle Freude am Lernen und steht im krassen Gegensatz zur Arbeitsweise unseres Gehirns.

Unser Gehirn verknüpft alle neuen Informationen mit bereits vorhandenem Wissen. Ist die neue Information allerdings besonders neu, sprich: anders als sonst, weiß auch unser ausgeklügeltes Gehirn nicht, wie es diese abzuspeichern hat.

Lernen Sie stupide die Übersetzung von einzelnen Vokabeln, bringen Sie Ihr Gehirn genau in diese Situation: Es kann mit dem Klang des Wortes noch nichts anfangen und erhält eine ihm ungewohnte Buchstabenkonstellation. Eine Verknüpfung mit Bekanntem ist kaum möglich. Genau diese Verknüpfungen brauchen wir aber, um Neues im Langzeitgedächtnis abzuspeichern.

Ganz nach dem Motto „Kommt der Berg nicht zum Propheten, muss der Prophet zum Berg kommen" wenden wir Lernmethoden an, die neue Informationen so umwandeln, dass sie im vorhandenen Wissensnetz des Gehirns hängen bleiben. Ist noch kein vergleichbares Wissen abgespeichert, müssen wir die neuen Informationen so aufbereiten, dass diese einen Anknüpfungspunkt liefern.

So werden aus passiven aktive Vokabeln

Es liegt in der Natur der Sache, dass der passive Wortschatz größer ist als der aktive. Dies gilt leider auch – wenn auch nicht so stark ausgeprägt wie beim klassischen Erlernen einer Fremdsprache – für die hier vorgestellte Methode.

Gewöhnen Sie sich deshalb gleich zu Beginn an, neue Vokabeln nicht einfach nur zu übertragen und in dieser Form zu lernen. Achten Sie vielmehr darauf, dass Sie die Vokabel in all ihren verschiedenen Wortbedeutungen oder in möglichst vielen Zusammenhängen kennenlernen.

Der erste Schritt hierzu ist, das neue Wort sowohl zu lesen als auch laut auszusprechen und aufzuschreiben. Anschließend „spielen" Sie mit dem Wort.

Einsetzen aller Sinne

Das Einsetzen aller Sinne bewirkt, dass alles neu Gelernte sich eher und fester im Langzeitgedächtnis verankert. Mit System im Langzeitgedächtnis untergebrachte Vokabeln sind aktive Vokabeln. Ihr Gehirn kann schnell auf sie zugreifen. Je kürzer die Zugriffszeit ist, desto flüssiger können Sie in der Fremdsprache reden.

Die Zugriffsgeschwindigkeit Ihres Gehirns auf bereits Gelerntes erhöhen Sie unter anderem durch das Einsetzen all Ihrer Sinne.

Durst

Lernen Sie z. B. die Vokabel „Durst", ist folgendes Vorgehen sehr einprägsam:

- *Hören Sie zunächst den Klang des Wortes.*
- *Sprechen Sie es mehrfach laut aus.*
- *Spüren Sie einen trockenen Mund.*
- *Stellen Sie sich einen Verdurstenden vor einer Oase vor.*

Der Fantasie sind hier keine Grenzen gesetzt. Je mehr Fantasie Sie einsetzen, desto schneller wird Ihnen die Vokabel vertraut sein.

Ausbau des Wortschatzes

Wieder halten wir uns an den Weg, wie Kinder ihren Wortschatz ausbauen. Die einzelne Vokabel „Durst" ist der Anfang. Doch schnell lernt das Kind, Sätze mit dem Wort und dessen Ableitungen zu bilden:

- „Ich habe Durst",
- „Ich bin durstig",
- „Gegen Durst hilft am besten Wasser" usw.

Sind Sie nach unserer Lernmethode vorgegangen, so verfügen Sie bereits über einen größeren Wortschatz, als wenn Sie sich gesondert zum Vokabellernen hingesetzt hätten. In diesem Stadium müssten Sie bereits in der Lage sein, sich Sätze rund um eine neue Vokabel auszudenken, die Sie dann im Kontext lernen.

So vernetzen Sie die Vokabeln in Ihrem Gehirn. Je umfassender diese Vernetzungen sind, desto besser prägen sich die einzelnen Wörter ein. Tatsache ist auch, dass wir in unserem allgemeinen Sprachgebrauch sogenannte „Lieblingssätze" haben. Sätze, die wir immer wieder genau auf dieselbe Art und Weise formulieren. Wenn Sie sich Sätze überlegen, um eine Vokabel nicht isoliert zu lernen, greifen Sie automatisch auf „Ihre Sätze" zurück. Somit sind diese aber auch in dem Moment, in dem Sie den Satz anwenden möchten, schnell parat.

Auch wenn beim Ausdenken von Sätzen rund um das neue Wort „Ihr Lieblingssatz" nicht dabei sein sollte, werden Sie sich einen Wortschatz – wir sollten besser sagen: „Satzschatz" – aufbauen, der viele Bereiche des täglichen Lebens abdeckt.

Synonyme und Antonyme

Gerade bei Verben und Adjektiven ist es sinnvoll, sich parallel gleichbedeutende Wörter (Synonyme) oder Gegensätze (Antonyme) herauszusuchen. Das hat nicht nur den Vorteil, dass Sie dabei mehr Wörter lernen.

Durch das Lernen von Synonymen können Sie sich immer gewählter ausdrücken. Auf der anderen Seite verstehen Sie eher Ihr Gegenüber. Was hilft es Ihnen, wenn Sie ordentlich „Lastwagen" gelernt haben, im Zielland dann aber nichts verstehen, wenn von einem „Laster" die Rede ist.

Gegensätze zu kennen hilft auch dann, wenn Ihnen trotz aller Tipps und Tricks eine Vokabel einfach nicht einfallen will. Nehmen Sie das gegensätzliche Wort und verneinen Sie es. Warum sollen wir uns nicht mal unseren großen Wortschatz zunutze machen?

Auf den Punkt gebracht

- Vokabeltraining ist nicht notwendig, führt aber schneller zum Erfolg.
- Vokabeltraining darf Ihr Gehirn nicht langweilen.
- Setzen Sie beim Vokabeltraining alle Sinne ein.
- Arbeiten Sie mit Synonymen und Antonymen.

Ersatzwortmethode

Die Ersatzwortmethode ist eine Methode aus dem Bereich der Mnemotechnik.

Mnemotechnik

„Mnemotechnik" ist ein Kunstwort, das seit dem 19. Jahrhundert für „ars memoriae" und „ars reminiscentiae" benutzt wird und „Gedächtniskunst" bedeutet. Die Mnemotechnik entwickelt strukturierte Eselsbrücken, zum Beispiel als Merksatz, Reim, Schema oder Grafik. Neben kleinen Merkhilfen gehören zu den Mnemotechniken aber auch komplexe Systeme, mit deren Hilfe man sich an ganze Bücher, Listen mit Tausenden von Wörtern oder tausendstellige Zahlen sicher erinnern kann.

Bei der Anwendung der Ersatzwortmethode ist Ihre Fantasie gefragt. Fantasie wiederum macht Spaß und Spaß beim Lernen hilft dem Gehirn ungemein.

Das Verknüpfen von Unbekanntem mit Bekanntem, und zwar mit möglichst viel Fantasie, ist die Grundlage der Gedächtniskunst, der Mnemotechnik.

Bevor wir eine Vokabel lernen, ist sie für uns unbekannt. Im ersten Schritt versuchen wir, in dieser noch unbekannten Vokabel einen bereits bekannten Begriff zu entdecken, der an das zu lernende Wort erinnert. Unser Gehirn ist so veranlagt, dass meist schon der Wortanfang genügt.

Die Methode lässt sich am besten anhand von Beispielen erklären:

Survival – Überleben

Das englische Wort für „Überleben" lautet „survival".

Der Wortanfang von „survival" hört sich an wie das eingedeutschte Wort „surfen".

Stellen Sie sich vor, Sie surfen in der Brandung. Plötzlich kommt ein Unwetter auf. Sie rutschen vom Brett und kämpfen nunmehr um Ihr Überleben. Krampfhaft halten Sie sich am Brett fest und versuchen, auf das Ufer zuzupaddeln. Die nackte Überlebensangst sitzt Ihnen im Nacken.

Wenn Sie jetzt „survival" hören, denken Sie an Ihre Überlebensangst. Hören Sie dagegen „Überleben", erinnern Sie sich daran, dass Sie beim Surfen ums Überleben gekämpft haben.

Die Verbindung zwischen dem bekannten Wortanfang und der englischen Vokabel reicht unserem Gehirn vollkommen aus, um sich an die Vokabel zu erinnern.

Am Anfang wird Ihnen die Ersatzwortmethode ziemlich umständlich vorkommen. Aber:

- Die Methode automatisiert sich sehr schnell;
- Sie behalten den Lernstoff garantiert länger, als wenn Sie ihn auf die herkömmliche Art einpauken würden;
- gerade bei Fremdsprachen können Sie Vokabeln sofort von Fremd auf Deutsch und von Deutsch auf Fremd übersetzen, und zwar ohne dies gesondert zu lernen.

Je mehr Fantasie und je mehr Sinne Sie beim Finden von Ersatzwörtern einsetzen, desto leichter lernen Sie letztendlich die Vokabel. Mehr noch: Sie werden die so gelernten Vokabeln so schnell nicht wieder vergessen.

Wir geben Ihnen noch ein paar Beispiele aus dem Englischen vor.

Hochzeit – Wedding

In „Wedding“ sieht der eine einen Berliner Stadtteil, der andere einen Edding, der nächste meint, die Vokabel hört sich wie „wetten“ an.

Gleich, für welche Variante Sie sich entscheiden: Es ist die Richtige. Keine Fantasie ist besser als die Ihrige.

Denkbare Ersatzwörter

- *Braut = bride*

„Bride“ klingt wie „breit“.

- *Bräutigam = groom*

„Groom“ klingt wie „krumm“.

- *Ehefrau = wife*

„Wife“ hören wir im Wort „Schweif“ heraus. Aber auch alle Wörter, die mit „Wei-“ beginnen, sind denkbar.

- *Ehemann = husband*

Husky oder vielleicht Halsband?

- *Kinder = children*

Bleiben Sie im Englischen, könnten Sie „chillen“ sehen, aber auch „Schilder“ ist denkbar.

Sie sehen, bei der Ersatzwortmethode sollten Sie zwar möglichst viele Sinne einsetzen, letztendlich reicht aber ein entsprechendes, auf keinen Fall abstraktes Schlagwort, um

Ihrem Gehirn den notwendigen Impuls, beide Gehirnhälften einzuschalten, zu geben.

Das Einsetzen beider Gehirnhälften ist das „biologische Geheimnis" der Gedächtniskunst. Bildlich gesprochen steht Ihnen mehr Hirnareal zum Bewältigen einer Denkaufgabe zur Verfügung. Fast schon zwangsläufig erhöht sich somit das Erinnerungsvermögen.

Geschichten erfinden

Eine weitere Methode aus der Gedächtniskunst ist das Verbinden von Informationen zu einer Geschichte.

Insbesondere bei sehr wichtigen Vokabeln oder Wörtern, die zu einer Gruppe zusammengeführt werden können, ist das Bilden einer Geschichte die wirkungsvollste Methode, sich diese Vokabeln einzuprägen. Zugegeben: Allein das Kreieren einer solchen Geschichte ist zeitaufwendig und braucht viel Fantasie. Der Zeitaufwand ist so enorm, dass er sich nur lohnt, wenn die Vokabeln zu den wichtigsten Ihres Fremdwortschatzes gehören werden. Einmal geschafft, ist das Ergebnis allerdings so nachdrücklich, dass es den Aufwand mehr als Wett macht.

Um sich eine Geschichte mit den wichtigsten Vokabeln auszudenken, gehen Sie wie folgt vor:

- Sie haben eine Vokabel vor sich, von der Sie jetzt bereits wissen, dass Sie zu Ihrem wichtigsten Wortschatz – zum Beispiel berufliches Fachvokabular oder Ähnliches – gehören wird (nehmen wir das Thema „Hochzeit").

- Sie suchen sich möglichst viele themenverwandte Begriffe heraus (z. B. „Braut“ und „Bräutigam“, „Ehefrau“ und „Ehemann“ sowie „Kinder“).
- Zu jedem einzelnen Wort bilden Sie nunmehr das Ersatzwort (wie im Beispiel auf Seite 108).
- Zum Abschluss bauen Sie sich aus diesen Ersatzwörtern eine Geschichte zusammen.

Beim Bilden einer Geschichte sollten Sie auf einige Regeln achten, damit der Zeitaufwand nicht im schnellen Vergessen verpufft:

- Achten Sie auf einen guten Beginn der Geschichte. Dieser sollte eindeutig der nachfolgenden Geschichte zugeordnet werden können, auch noch lange Zeit später. So ist gewährleistet, dass Sie viele solcher Geschichten kreieren können, ohne Ihr mühsam erlangtes Vokabular durcheinanderzuwirbeln. Wie die Geschichte weiter- oder ausgeht, spielt keine Rolle. Der Anfang muss aber einprägsam sein!
- Spielen Sie möglichst selbst eine Rolle in der Geschichte. Alles, was Ihnen passiert ist, bleibt in Ihrer Erinnerung besser haften als Dinge, die Sie nur erzählt bekommen haben.
- Achten Sie beim Gestalten der Geschichte darauf, möglichst viele Ihrer Sinne einzubinden. Wenn Sie mit dem Geschehen Emotionen verbinden, aktivieren Sie automatisch beide Gehirnhälften.
- Versuchen Sie, in der Geschichte nicht nur die Ersatzwörter, sondern auch deren deutsche Übersetzung zu verwenden. Das muss keinesfalls wortwörtlich gesche-

hen. Es reicht aus, wenn Sie die Übersetzung indirekt nennen.

Unsere Geschichte zum Thema Hochzeit sieht so aus:

Hochzeit

Mein Freund und ich (selbst einbinden) *haben gewettet* (wedding), *wer die schönste Frau in der Stadt heiraten* (Bezug auf deutsche Übersetzung) *darf. Wie so oft im Leben habe ich verloren. Mir bleibt nur die breite* (bride) *Braut* (Übersetzung). *Dennoch bin ich ein Gentleman und trage diese Braut über die Schwelle, auch wenn ich mich dabei als Bräutigam* (Übersetzung) *krumm* (groom) *und buckelig trage. Mal ehrlich: Wer möchte bei solch einer Ehefrau* (Übersetzung) *mit seinen Gedanken nicht abschweifen* (wife). *Doch die ist clever. Sie legt ihrem neuen Ehemann* (Übersetzung) *ein Halsband* (husband) *an, damit der nicht mehr entwischen kann. Da bleibt mir nur noch eins: Wie in vielen Landesteilen so üblich, stellen wir ein Schild* (children) *in den Garten. Darauf steht: „Nicht stören, heute Nacht werden Kinder* (Übersetzung) *produziert."*

Auf den Punkt gebracht

- Bilden Sie Ersatzwörter.
- Kreieren Sie Geschichten.

Grammatiktraining

Vielfach sorgt allein schon das Wort „Grammatik" für Unwohlsein. Warum?

Immer wenn wir sprechen, schreiben oder lesen, wenden wir Grammatik an. Äußerst selten überlegen wir, wie ein Satz grammatisch richtig wäre. In den meisten Fällen stimmt der Satz von vornherein, in manchen Fällen sprechen wir ihn zwar falsch aus, werden aber von allen verstanden, und nur ganz selten müssen wir bei den Grammatikregeln nachschlagen.

So ist es zumindest, wenn es um unserer Muttersprache geht. Und so ist es auch, wenn Sie eine Fremdsprache mit der hier vorgestellten Methode erlernen.

> Essenziell für das Erlernen einer Fremdsprache ist das Lernen in zwei Wellen. **!**

Haben Sie während der ersten Welle zwei oder drei Wochen die neue Sprache möglichst oft gehört, viele Übungstexte oder gar schon leichtere Texte außerhalb der Übungsbücher gelesen, eventuell schon den einen oder anderen Dialog mit jemandem geführt und gehen dann zur zweiten Welle über, ist Ihr Gefühl für die Sprache schon so ausgeprägt, dass Sie die Grammatikübungen gar nicht mehr als solche auffassen werden. Oder meinen Sie, ein Ausländer würde nach drei Wochen intensiver Beschäftigung mit unserer Sprache noch in eine Situation wie im folgenden Limerick kommen:

Es saßen am Ufer des Indus
drei philosophierende Hindus.
Ihr Problem war fatal,
denn sie fragten voll Qual:
„Bist ich es, sind er's oder bin du's?"

Nein. Schon automatisch würden besagte Herren korrekt „Ich bin es" sagen.

Und genauso wird es Ihnen gehen, wenn Sie sich erst in der zweiten Welle mit den Grammatikübungen Ihrer Übungshefte beschäftigen.

Grundsätzliche Tipps & Tricks

Vermeiden Sie, sich von Anfang an mit den Regeln der Grammatik auseinanderzusetzen. Wenden Sie die Grammatik erst ein paar Wochen an, bevor Sie die eigentlichen Regeln lernen. Und fragen Sie sich vorher, ob Sie für Ihre Belange den Wortlaut der Grammatikregeln überhaupt kennen müssen – das ist nämlich meistens unnötig.

Den Wortlaut einer Grammatikregel zu kennen, ist meist unnötig. Es genügt völlig, immer wieder mit einer entsprechenden Formulierung konfrontiert zu werden, um eine Regel zu erfassen und anwenden zu können.

Im klassischen Fremdsprachenunterricht in den Schulen wird gerade dieser Tipp überhaupt nicht berücksichtigt. Die Folgen sind unseres Erachtens kontraproduktiv:

- Vielen Schülern werden durch stupides Einpauken von Grammatikregeln die Motivation sowie der Spaß am Erlernen der Fremdsprache genommen.
- Kaum ein deutscher Satz lässt sich allein schon durch die abweichende Satzstellung eins zu eins übersetzen. Mühevoll rufen die Schüler nunmehr den grammatischen Aufbau der Fremdsprache auf und basteln sich den korrekten Satz zusammen. Ein frühzeitiges, aber so wichtiges Denken in der Fremdsprache wird unterbunden.
- Es liegt schon in der Natur der Sache, dass sich durch den Umweg über die Grammatik das fließende Sprechen – wenn überhaupt – nur verzögert einstellen kann, da im Kopf erst übersetzt und gebastelt wird.

> Das Übersetzen an sich ist zum Erlernen von grammatischen Strukturen sinnvoll, aber das Wie ist entscheidend. **!**

Wenn Sie unsere Methode anwenden, werden Sie während der zweiten Welle merken, dass Ihnen ein Großteil der Grammatik schon in Fleisch und Blut übergegangen ist. Dennoch dürfen wir nicht vergessen, dass jede Sprache ihre strukturellen Besonderheiten aufweist. Je intensiver Sie sich mit einer Sprache beschäftigen, desto anspruchsvoller wird auch der Satzbau. Die Übungsbücher beginnen mit einfach gebildeten Sätzen, die mit der Zeit einen Nebensatz erhalten und von Lektion zu Lektion immer verschachtelter werden. Dasselbe gilt für die Ausdrucksweise. Wer sich in einer fremden Sprache wohlklingend und vor allem abwechslungsreich ausdrücken will, muss möglichst alle grammatischen Grundregeln beherrschen.

Wenn Sie sich an unsere Lernempfehlungen halten, werden Sie – je nach ausgewähltem Lehrmaterial – mit nahezu allen Grammatikstrukturen konfrontiert. Manche davon tauchen allerdings nur selten auf. Das reicht nicht aus, um sie befriedigend beherrschen zu können.

Um diese Lücken zu schließen, bedarf es gesonderter Grammatikübungen. Übungen, für die Sie zusätzlich Zeit aufbringen müssen. Dies widerspricht nur zum Teil dem Credo des Projekts „Schnell Sprachen lernen“, nämlich, jede Fremdsprache in kürzester Zeit mit möglichst geringem zusätzlichen Zeitaufwand lernen zu können.

Haben Sie unsere Methode richtig angewandt, verfügen Sie zu Beginn der zweiten Welle bereits über genug Sprachkenntnisse, um die meisten privaten und beruflichen Alltagssituationen problemlos meistern zu können. Die weiterführenden Grammatikübungen dienen also lediglich der Verfeinerung.

Für diejenigen, die sich doch intensiver mit der Grammatik ihrer Wunschsprache befassen und sie perfekt beherrschen möchten, dürfte das folgende Kapitel besonders interessant sein.

Wort-für-Wort-Übersetzung

Bereits vor über 100 Jahren kam ein gewisser Dr. Teichmann auf die Idee, Lektionstexte Wort für Wort zu übersetzen. Noch heute gibt es in vielen Fremdsprachen Buchreihen, die diesem Weg folgen.

- Sie schreiben den fremdsprachigen Satz auf.
- Darunter schreiben Sie die Übersetzung jedes einzelnen Wortes.
- Anschließend vergleichen Sie die grammatischen Strukturen.

Der Effekt dieser intensiven Beschäftigung mit dem fremdsprachigen Satz ist grundsätzlich wesentlich höher einzuschätzen, als wenn Sie versuchen, sich grammatische Regeln einzuprägen.

Gehen Sie die Grammatikübungen in Ihren Übungsbüchern in der zweiten Welle an, wird Ihnen fast alles schon geläufig sein. Wir empfehlen Ihnen, gerade die Sätze aus dem Grammatikteil der Lektion Wort für Wort zu übersetzen. Die Lektionen in den gängigen Übungsbüchern sind so aufgebaut, dass in jedem einzelnen Lektionstext neue grammatische Strukturen gehäuft auftreten.

Wenn Sie alle Sätze der Übungen Wort für Wort übersetzen, liegen Ihnen zahlreiche Beispiele vor, wie der Satzaufbau in der Zielsprache auszusehen hat.

- Versuchen Sie nun eigenständig, die Regelmäßigkeiten zu erkennen.

Achten Sie auf die Bildung und Anwendung von Zeiten. Mit genügend Beispielen erkennen Sie z. B. von sich aus, dass es im Deutschen gegenüber dem Englischen bei den Tempora keine Verlaufsform gibt: „Ich spiele Fußball" kann bedeuten, dass ich im Moment oder auch regelmäßig spiele. Im Englischen wird hier durch „I play" und „I'm playing" unterschieden.

Auch außerhalb der Anwendung von Zeiten werden Sie mit dieser Methode Regelmäßigkeiten entdecken können. So gibt es in manchen Sprachen bestimmte Wortarten nicht, der Satzbau unterscheidet sich von Sprache zu Sprache usw.

- Formulieren Sie für sich eine Regel, die hinter diesen Regelmäßigkeiten stecken könnte.
- Kontrollieren Sie im Grammatikteil Ihrer Übungsbücher, ob Sie die Regel richtig erkannt haben.
- Liegen Sie richtig, gilt es, die Regel einzuüben.

Das bedeutet nicht, dass Sie jetzt die Regel an sich lernen sollen. Vielmehr nehmen Sie sich einige der Ursprungstexte zu der Regel und lernen diese auswendig. So gelangen die Sätze ins Langzeitgedächtnis. Unterhalten Sie sich später in der Fremdsprache, kann Ihr Gehirn automatisch auf den richtigen Satzbau zugreifen. Sie sprechen fließend.

Auf den Punkt gebracht

- Durch die Zwei-Wellen-Technik benötigen Sie kaum zusätzliches Grammatiktraining.
- Vermeiden Sie, sich von Anfang an mit Grammatikregeln auseinanderzusetzen.
- Wort-für-Wort-Übersetzungen helfen beim Erkennen von Grammatikregeln.

Anhang: Phrasen

Ein wichtiger Aspekt bei „Schnell Sprachen lernen" ist das Anlegen eines Phrasen-Vokabelhefts.

Auf den folgenden Seiten haben wir Ihnen eine Auswahl an unserer Meinung nach wichtigen Phrasen zusammengestellt. Sie sind thematisch geordnet.

Nutzen Sie die folgenden Seiten als Kopiervorlage oder als Basis für Ihr eigenes Phrasen-Vokabelheft. **!**

Wir haben insbesondere darauf geachtet, dass pro Thema nicht zu viele Sätze auftauchen. So können Sie eine von Ihnen in der Zielsprache ausgefüllte Kopie des Anhangs nutzen, um die Zeitfallen zu füllen.

Manche Sätze erscheinen doppelt, aber unter verschiedenen Themen. Ab und an sind wir bereits auf sprachliche Feinheiten eingegangen. Lernen Sie alle Varianten einer Übersetzung, so können Sie sich im Zielland vielfältiger ausdrücken.

Einen letzten Tipp geben wir Ihnen noch mit auf dem Weg: Bitten Sie einen Muttersprachler, Ihnen die Sätze aus dem Phrasen-Vokabelheft auf Tonband zu sprechen. Unsere Methode lebt unter anderem davon, dass Sie während der Lernphase möglichst rund um die Uhr die Sprache hören. Handelt es sich nicht immer um Hörbücher oder dergleichen, sondern um wichtige Phrasen, ist dieser Teil des Schlüssels noch effektiver.

Kommen wir zu unseren Vorschlägen:

Begrüßung	
Hallo!	
Guten Morgen!	
Guten Tag!	
Guten Abend!	
Willkommen!	
Auf Wiedersehen!	
Bis später!/Tschüss!	
Bis bald!/Bis dann!	

Persönliches	
Mein Name ist …	
Ich komme aus …	
Ich bin … Jahre alt.	
Ich bin Deutscher.	
Ich wohne in …	
Ich habe einen Bruder/ eine Schwester.	
Mein Beruf ist …	

Kennenlernen	
Wie heißt du?/ Wie heißen Sie?	
Wie alt bist du/sind Sie?	
Wie geht es dir/Ihnen?	
Gut./Geht so./Schlecht.	

Kennenlernen	
Sehr erfreut (dich kennenzulernen).	
Das ist meine Frau/ Freundin.	
Kann ich deine Telefonnummer haben?	
Woher kommen Sie?	
Wie lautet Ihre Adresse?	

Fragewörter/gängige Fragen	
Wie?	
Wer?	
Warum?	
Was?	
Wo?	
Wann?	
Wie viel?	
Gibt es …?	
Wo gibt es …?	
Wie viel kostet es?	
Wie viel Uhr ist es?	

Etikette	
Wie geht es Ihnen?	
Mir geht es gut, danke.	
Kann ich Ihnen helfen?	
Bitte./Danke.	
Möchten Sie etwas trinken?	
Vielen Dank.	
Entschuldigen Sie.	
Es tut mir leid.	
Gern geschehen.	

Allgemeine Antworten	
Ja./Nein.	
Das kommt darauf an.	
Das weiß ich nicht.	
Ich spreche nur wenig …	
Ich denke, …/ Ich denke nicht, dass …	
Das macht nichts.	
Mit Vergnügen.	
Es ist mir ein Vergnügen.	

Allgemeines

Können Sie bitte etwas langsamer sprechen?

Guten Appetit.

Könnte ich mit Herrn/Frau … sprechen?

Gute Reise!

Viel Glück!

Pass auf dich auf!

Können Sie mir bitte helfen?

Ich wünsche Ihnen einen schönen Tag.

Viel Spaß!

Im Restaurant

Möchten Sie etwas trinken/essen?

Was möchten Sie trinken/essen?

Im Restaurant
Was können Sie mir/uns empfehlen?
Haben Sie einen Tisch für zwei/vier?
Ich habe auf den Namen … reserviert.
Ich hätte gerne einen Tisch am Fenster.
Können Sie uns bitte die Speisekarte bringen?
Ich würde gerne bestellen.
Als Vorspeise hätte ich gerne …
Als Hauptgericht/Dessert hätte ich gerne …
Das habe ich nicht bestellt.
Die Rechnung, bitte.
Ich glaube, da ist ein Fehler in der Rechnung.

Unterwegs
Wie komme ich zu/nach …?
Welchen Bus muss ich nehmen?
Wo kann ich eine Fahrkarte kaufen?
Wie weit ist es/wie lange fährt man nach …?
Wo ist der Bahnhof?
Können Sie mir sagen, wo die Post ist?
Wann fährt der nächste Zug nach …?
Ein Einzelticket nach …, bitte.
Wo kann ich ein Taxi bekommen?
Wo finde ich einen Stadtplan?

Freizeit
Wohin möchtest du ausgehen?
Gehen wir ins Kino/Theater?
Ich habe schon einen anderen Termin.
Was sind deine Hobbys?
Wofür interessierst du dich?
Ich spiele gerne Fußball/Gitarre.
Kannst du tanzen/ein Instrument spielen?
Ich freue mich sehr über die Einladung.

Fragen zum Verständnis
Was bedeutet das?
Ich verstehe nicht.
Könnten Sie das bitte aufschreiben?

Fragen zum Verständnis
Wie spricht man das aus?
Könnten Sie das Wort bitte buchstabieren?
Wie sagt man … auf …?
Könnten Sie das bitte wiederholen?
Würden Sie mir die Adresse aufschreiben?

Die Autoren

Jens Seiler, geb. 1966 in Northeim, machte sich bereits während seiner Ausbildung zum Parlamentsstenografen als Gedächtniskünstler selbstständig. Unter seinem Künstlernamen „CAIROS“ präsentiert er seit 1985 weltweit eine abendfüllende Varietéshow zum Thema „Gehirnleistungen“. Die Basis dieser Show sind Techniken, die Jens Seiler in Vorträgen und Schulungen weitergibt. Vonseiten der Teilnehmer wurde von Anfang an das Thema „Sprachen lernen“ an ihn herangetragen.

Sandra La Cognata, geb. 1974 in Bühl, ist Wirtschaftsassistentin für Fremdsprachen. 2007 lernte sie Jens Seiler und dessen Lernmethoden kennen. Gemeinsam verknüpften sie ihre Themen zum Projekt „Schnell Sprachen lernen“.

Die beiden Autoren haben insgesamt vier Kinder und leben als Patchwork-Familie in Berlin.

Impressum:

Verlag C. H. Beck im Internet: www.beck.de
ISBN: 978-3-406-61780-5

Wilhelmstraße 9, 80801 München

Lektorat und DTP: Text + Design Jutta Cram, 86157 Augsburg,
www.textplusdesign.de
schlaggestaltung: Bureau Parapluie
lagbild: © istockphoto.com/Jacob Wackerhausen
nd Bindung: Druckhaus „Thomas Müntzer“ GmbH,
ter Straße 1–4, 99947 Bad Langensalza

uf säurefreiem, alterungsbeständigem Papier
aus chlorfrei gebleichtem Zellstoff)